ちくま文庫

ブルースだってただの唄

黒人女性の仕事と生活

藤本和子

筑摩書房

目次

ブルースだってただの唄

黒人女性の仕事と生活

「女たちの家」と呼ばれる町の中の刑務所の臨床心理医であるフロリダ生まれのジュリエット・マーティンは、つぎのように話して、集会を閉じた。

「わたしがまだ子どもだったころ、フロリダの家の前であそんでいると、ふとった女たちが通っていったものだった。えびの漁場で働く女たち。よごれて、ひどい臭いをさせて、それでも笑いさざめきながら家路をたどる女たち。きまって笑っていた女たち。ある日のこと、わたしの耳にこんなことばが聞こえた。あんた、ブルースなんていってもさ、ただの唄じゃないか。あんた、ブルースなんていってもさ、ただの唄じゃないか。そのことばがずっとわたしの耳に残っていた。

そうだと思う。ブルースなんてただの唄。かわいそうなあたし、みじめなあたし。いつまで、そう歌っていたら、気がすむ？ こんな目にあわされたあたし、おいてきぼりのあたし。ちがう。わたしたちはわたしたち自身のもので、ちがう唄だってうたえる。ちがう唄うたって、よみがえる」

女たちは、あんた、ブルースなんていってもさ、ただの唄じゃないか、ということばが気にいって、ふたたび立ち上がり、拍手した。

はじめに

北アメリカの黒人女性からの聞き書きをはじめたのは、およそ六年前のことになる。そしてその結果を数章の物語のようにして発表してきた。いままた、あらたにいくつかの物語を記しておこうと思う。

女たちの話を聞き歩くのをはじめたころ、作家にして活動家のトニ・ケイド・バンバーラは『塩喰う者たち』と題された長篇小説を発表した。彼女に会って、塩を喰うとは、どういうこととたずねた。バンバーラは、黒人はね、塩を喰うような体験を共有してはじめて人びとはたがいに信頼する仲となる、というようなことをいうのよ、といった。塩にたとえられるべき苦くつらい経験をともにして、ひととひとの魂は繋がるのだと。それればかりではない。塩は傷を癒すものでもあるから、ともに塩を喰う者たちはまた、ともに傷を癒そうとする者たちでもある。『塩喰う者たち』の舞台、架空のクレイボーンという南部の町には塩水をたたえた沼があって、傷を負った犬などがやってきて、自らを癒す。

塩にはまた毒を中和する力もある。フードゥーあるいはヴードゥーと呼ばれる呪術では、塩は魔除けに使われる。

アフリカから連行され奴隷にされた体験をもつアメリカの黒人は、屈辱の毒を、魂の塩で中和してきたことだろう。生きのびるとは、そういうことであったろう。傷を癒す塩、魂の塩、そしてにがい塩。塩はこのように重層的な意味を負わされているが、塩をともに喰う共同体は持続して再生することを願う。

持続して再生すること。それは、生きのびる、というとき、生きのびるということばのなかにすでに、人間としての威厳を失わずに、という意味がふくまれているということだと、わたしはずっと考えてきた。そしてアメリカの黒人と呼ばれる集団にそれができたのは、彼らには独自の完結した精神の世界があって、そのうえ、それを健全なものと考える姿勢もあったからだろうと考えてきた。つらく苦しい経験のおかげで強くなったのではなく、つらく苦しい経験にもかかわらず生きのびたのではなかったか。

そこのところが、わたしの出発点になっていた。集団の歴史をひとりひとりその身に負いながら、女たちは自らの生をいかに名づけるのだろうか。

それは世界のどこにいても、女たちのこころを離れない問いでもあるだろう。

女たちは体験を語るにふさわしいことばを求めつつ、こころをひらく。できあいのことばでは語りえぬことの多いことを知りつつ、こころをひらく。女たちがみずからの体験を言語化しようとするとき、それを可能にしてくれる言語がない、それを「さわやかな欠如」という表現でいったのは、ずいぶん前の森崎和江《もりさきかずえ》さんだったが、そのことばはいまだに説得力をもっている。「さわやかな欠如」から出発すればいい！

出会った黒人女性の多くが、やはりことばを探しもとめつつ、語っているようだった。けれども、手探りしつつ語る彼女らの背後に、アフリカ系アメリカ人固有の精神世界の遺産をうかがうこともできるのだった。それは世界の女たちの「さわやかな欠如」の中身が普遍的なものではないことを示している。そしてそのことこそ、わたしたちには重要だ。普遍性のなかにやすらぎを見出すよりも、他者の固有性と異質性のなかに、わたしたちを撃ち、刺しつらぬくものを見ること。そこから力をくみとることだ、わたしたち自身を名づけ、探しだすというのなら。

「この世の騾馬《らば》」。一九六〇年、フロリダ州の福祉病院で、貧困と病と失意のうちに六十九歳で死んでしまった偉大なゾラ・ニール・ハーストンは、民俗学者にして作家でもあったが、彼女の書いた小説『彼らの目は神を見ていた』のなかで、この世の騾馬という表現を使っている。かつて奴隷の身分を経験したことのあるナニーという女性が、黒人であり女でもあるということは、もっとも虐《しいた》げられた存在であるのだよ、この世の騾馬であるのだよ、と若い娘にいってきかせるのだ。あらゆる方角から虐げの手がのびてくる。たおれるまで、労役した。

ハーストンはそのように黒人女性の状況を定義したのだった。ところがその彼女は、

「わたしが黒いこと、それは悲劇でなんかあるものか」ともいった。「わたしは悲劇的に黒い、のではない」という表現だった。彼女の書きのこした作品は、その主張を裏づけている。彼女は彼女の属する民族の根源的な健全さを疑ったことがない。

このようなことは、私的な場で出会う女たちの声のなかに、いまもこだましている。彼女らは自らを「この世の騾馬」であった集団のなかに位置づけると同時に、「黒人であることのよろこび」について語る。失うものさえなくした騾馬の悲惨と自由、その歴史にまたがりつつ、なお「悲劇的に黒いわけじゃない」といえる彼女ら。

六年前のときも、聞き歩くことをはじめたのは夏だった。ゲットーのようになっていた市街地では、防犯のために、窓が冬の二重ガラスのままのところもあって、そういう家やアパートでは、猛暑の昼さがりにも、窓を開けはなつことはできなかった。床のうえの扇風機がまわっていた。額や背や脚に汗がながれ、女たちがたたかいとよろこびと人間の威厳について語っていた。

二年前、ふたたび聞き歩くことをはじめた。やはり夏だった。そしてこのたびの報告はウィスコンシン州懲治局に働く臨床心理医と彼女の「女性グループ」、それに彼女が担当している刑務所の女たちに関するものとして、ひとまずまとめた。そしてエピローグとして、一九八二年、百六歳で亡くなったジョージア州アトランタの女性の物語をおさめることにした。

第一章

たたかいなんて、始まってもいない

ウィスコンシン州懲治局《ちょうじ》に働く臨床心理医のジュリエット・マーティンに会って、刑務所担当の心理医から見た、今日のアフリカ系アメリカ人の状況を聞こうと思った。彼女は、自分の仕事をとおして見えてくる状況について話してくれた。それと、彼女の女性の友だちのグループにも会うといい、といった。このグループはフェミニスト・グループと自らを呼んでもいないし、なんらかの課題を追究する研究グループでもない。女たちはいつのまにかひとつのグループを、ジュリエットをとりかこむ恰好《かっこう》でつくっていたらしい。専門の分野も職場もちがうこの女たちの共通項は、黒人であることと、黒人であることについて熾烈《しれつ》な意識をもっていること。絶望もしないが、幻想によりかかることもしない。彼女らのグループは私的な友情のネットワークであると同時に、黒人の状況にかかわる地域運動のネットワークに変身する土台をもっている。専門の分野や職場の枠をこえたところでなされなければならないことがあれば、彼女らはたがいに力と知恵をだしあうことだろう。

グループは名をもっているわけではないし、誰と誰がそのメンバーというような発想すらなく、きわめて流動的だ。わたしのために、ジュリエットは四人の女性をある土曜日に招いてくれた。それぞれに夫や子どものいる女たちにとっての土曜日の午後。できればその時間は家族などのために使いたいだろうに。彼女らのこのような寛容には、わたしはいつも目をみはるのだ。

ジュリエットをふくめて五人の女たちは、わたしに聞き書きの意図を説明させてから、まずそれぞれ自分のことを語り、そのあとでしばらく討論もしてくれた。

それぞれに成長した場所は異なる彼女たちだが、黒人が人間としての威厳をまもるために、アメリカの社会はよくなったかという点については、「たたかいなんて、まだ始まってもいない」ということで意見は一致していた。そして、黒人がアメリカで生きのびていくためには、黒人の精神世界の遺産を根拠にするよりほかに道はない、ということでも、彼女たちはたがいに同意しあったのだった。黒人の精神世界の遺産を継承することがよいかどうかが問題ではなく、継承する以外に生きのびる方法はない、といったのだ。

世代からいうと、その日の彼女らはいちばんの年上が一九四一年生まれの四十四歳で、いちばん年下が一九五〇年生まれの三十五歳だった。だから彼女らはそれぞれに一九六〇年代と七〇年代の公民権運動と民族主義運動を経てきた。黒人の投票権獲得、社会生活と教育の場における黒人に対する隔離政策撤廃へのたたかい、そして黒人の民族としての集団的な尊厳を主張するたたかいを経てきた。そのような黒人のたたかいがアメリカ合州国に生きる他の少数民族と呼ばれる集団の民族意識をつきうごかすのも見てきた。そしてその間に、中流化したといわれる黒人の層がすこしばかり厚くなったが、同時にアンダークラスと呼ばれる最下層は固定化した。固定化した、とは、アンダークラスとして再生産される構造が維持されているということ。棄民政策というようなことばが似つかわしいような状況だ。そのような状態と向きあって、「中流」の彼女らは、答えは、「同化」にはないだろうといったのだった。黒人らしさをすてたら、生きのびることすらできない、と。だからわたしが、その夏のある土曜日の午後に、作家のトニ・モリスンやトニ・ケイド・バンバーラのことばをふたたび思いだしていたのは当然だった。モリスンは「われわれ黒人がアメリカの地において異族であるというのなら、このまま異族でありつづけよう」といった。バンバーラはつぎのようにいった――

もっとも戦慄すべき側面は、わたしたちがこの社会の主流文化の側に移動したときに、ぽっかりと口を開けて待っている空隙《くうげき》を見ることだと思う。……わたしたちを養ってきたもの、わたしたちを生かしつづけてきたものとの断絶こそが恐怖なのよ。

しかし「わたしたちを養ってきたもの」や「わたしたちを生かしつづけてきたもの」が崩れさることなく存続する保証はあるだろうか。土曜日の語る女たちは楽観してはいなかった。彼女らは黒人の独自性の持続と、独自性が崩壊したり侵蝕される速度のせめぎあいをじっと見つめていた。その彼女らの視線は、にほん列島に生きる少数者に、同化が答えです、といって疑うこともなかったわれわれにほん人を撃ちはしまいか。

おれたちはまっ裸よ。それなのに、そのことに気づいてもいないんだ

ジュリエット・マーティンの場合

ジュリエットは心理学の博士号をもっている。大学院を終えてからずっと、つまりこの十二年間、ウィスコンシン州懲治局管轄の刑務所所属の臨床心理医としてやってきた。最近自分の診療所も共同で開業した。子どもが三人。夫は大工職。

ジュリエットの声、やわらかい声。その声で彼女は、〈教育〉という罠について語る。彼女自身は高等教育を受けたが、教育に幻想をいだかない。教育さえ受ければ、という神話を信じない。教育は、自己のなんであるかを見えなくしてしまう、洗脳ということばは使いたくないが、やはり洗脳のようなことをする、本来の精神のたからを中和してしまう、と彼女は考える。

ジュリエットは膚《はだ》の黒さということにもふれた。出生地のフロリダ州キーウェストを去って、ヴァージニア州の私立女子高校へいったとき、彼女は「最下層の少女だった」。

なぜなら、「わたしは南部出身で、貧乏で、色がとても黒かったから」。ジュリエットはそのことで苦しんだ。彼女の苦しみが歴史そのものを映しだしていることに気づくまで。同化が黒人の精神世界をたえず侵蝕している、と彼女は思う。危機感がある。これまで黒人は奴隷の身分に貶《おとし》められた過去を恥じてきた。そして、彼らの精神の根であったはずのアフリカについても、西欧の侮蔑《ぶべつ》の視線で見たアフリカとして眺めることをしいられてきた。「おまえたちはかくも偉大であった、と語る者がいなければ、黒人には過去も未来もない。過去も未来もなければ、いまとここしかないことになる。それで生きのびることができるはずはない」と彼女は考えている。そこで引いたのだ、麻薬の密売取引で、凄惨な死を死んだある黒人の囚人のことばを――「おれたちはまっ裸よ。それなのに、そのことに気づいてもいないんだ」。

自分には、へこたれるもんか、という弾性がある、という。土台をつくってくれたのは、故郷のキーウェストの老婆たちだったと思うのだ。

＊

何があなたたちを支えているのだろうか。

ジュリエット　怒り。わたしの場合は怒り。静かな怒り、冷たい怒りであるかもしれないけれど、怒り。これまでわたしが身につけようとしてきたのは、怒りを何かしら建設的なものに向けようとする姿勢だったのよ。黒人は怒ってはいけないと、黒人や黒人以外の人たちにいわれると、落胆もするし、いらいらする。そういう考えは正しくないのだから。怒りは動機を生み出すエネルギーなのだから、それを方向づけることさえできればいい。怒りは正当なのだから。希望に支えられている、という人びともいるけれど、希望はわたしがわたし自身に要求し期待することの一部でしかない。わたし自身に要求し期待することが、毎日のわたしを支えている。

わたしはフロリダ州のキーウェストの出身。ふた親そろった家庭に育ち、父は中学二年まで、母は中学一年までの学校教育を受けていた。六歳上の兄が一人。母は女中をし、父は労働者だった。家の中では、働くことと、教育を受けることが大切なのだとされていたのね。小さな時から、教育こそがわたしにわたしの父母の境遇を乗り越えさせるものだ、ということを植えつけられていたの。

そのことは興味深いのね。なぜなら、多くの黒人の子弟が、教育は重要だといわれて成長するのだけれど、親がそれをいうとき、彼らはこの国の教育が子どもを洗脳する性格を備えているということにあまり注意を払っていないからよ。洗脳とは、自己のなんであるかを無視したり捨てたりして、自己から遠ざかるという意味で、わたしはいっているの。だからわたしの両親が教育の重要性ということをいったときには、二人はこの社会の価値観に同化することを拒否しない、という態度を明らかにしていたわけだったし、一貫してそのような方針を通しもしたの。わたしははじめから私立の学校へ行った。最初に入ったカトリック系の小学校は黒人だけのものだったけれど、八年生（十四歳）になると、その先は公立高校へ行くか、キーウェストを出て、よその土地の私立学校へ行くしかなかった。なぜならキーウェストの白人カトリック高校へは入れなかったのだから。そのことは気になったけれど、自分の気持を親にはあまりはっきりいわなかった。かあさん、あたしたちは教会へ行ってもなぜ後ろの席にしか坐れないのとか、かあさんはあたしにカトリックの学校へ行ってほしいというのに、キーウェストのカトリック高校へ行けない、というのはどういうこと、と母にたずねたりすると、母はひじょうにとり乱したものだったの。するとわたしはそれ以上はたずねず、ひとりで悩んだ。だから、私立の学校へ行っていても、自己の存在に二重の意味があることにはすでに気がついていたのだと思う。

さて、八年生まで終えて、その先をどうするか。母はなんとしてもわたしを私立学校に入れるのだと心に固くきめていたのね。わたしの家はかなり貧しかったのよ。母は女中で、父は雑役のような労働をしていたのだから。そこで母はね、もう一つ女中の仕事をふやしたの。ということは、一日に十六時間、十七時間も働くようになったということ。母は自分の娘には、そのあたりの基準でいえば、最高の教育を受けさせるのだと決意していたということなのね。そこでわたしはヴァージニアのパウハトンという町のカトリックの女子高校へ行かせてもらうことになってね。それは有名なエリート学校で、そこでのわたしは最下層の生徒だった。なぜならわたしは第一に南部の出身で、第二に膚の色が黒く、第三に他の生徒たちと比べて貧乏だったからよ。この学校には、黒人の女生徒が各地からきていたし、フィリピン人の生徒もいたし、日本人も一人いたり、ともかく世界中から集まっていたの。黒人の女生徒たちの多くはデトロイトやニューヨークやシカゴやワシントンなどからきていた。南部出身の生徒もいたけれど、おもに東部のエリート黒人、医師や弁護士などの娘たちだった。南部からきた生徒たちは、そこの中心的なグループからはずれたアウトサイダーだということは、すごくはっきりしていたのね。

その四年は苦しかった。規律はきびしく、尼たちと暮らしていたわたしたちも、まるで尼僧《にそう》のような生活をしていたもの。でも教育の内容からいえば、すばらしい四年間だった。フィニッシング・スクールのそれに匹敵する教育の内容だったから。自分は黒人だから、同じような教育を受けた白人の娘たちを待っているものを人生に期待できるわけではないことは、はっきり承知していたとはいえね――。

一九六四年、わたしがその学校を卒業すると、家族はもう大変なよろこびようで、父も母も卒業式にやってきたの。母にはそれははじめての旅、はじめての汽車旅行だったし、皆はとてもよろこび、わたしを誇りに思ってくれた。けれども、それはまた、わたしがひどい重荷を背負うということを意味してもいたのよ。おまえのために、こうして皆でヴァージニアまでやってきたのだ、おまえは特別な人間にならなくてはならないぞ。ことばに出さずとも、誰も彼もがわたしにいっていたわけね。

それに対して、わたしは反抗心を抱いてね。なぜ、なぜ、このわたしはそんな重い負担を押しつけられなくちゃいけない？

次は大学。大学に進むことについては疑問の余地も討論の余地もない、というぐあいだったわ。母は（カトリックの）ゼーヴィア大学を望んでいた。わたしは静かなる抵抗をして、ゼーヴィアへは行かず、（黒人の大学）フィスク大学へ行った。

そしてまたしても、わたしはそこでも最下層の生徒の一人だった。色が黒く、貧乏だったから。劣等感に悩んだ。寮のルームメイトは膚の白っぽい学生で、感じの悪いことをいったりするから、ますます憂鬱《ゆううつ》になったのね。わたしは膚の色について、きわめて苦々しい感情を抱くようになってしまった。当時はそのような問題の原因がどこにあるのか理解しないまま、わたしは色のあまり黒くない黒人たちに対して敵意を抱くようになってしまったの。色の黒くない黒人たちに対する憤りは、彼らに向けられるべきではなく、色の黒いことを劣等と考えてきたアメリカ社会に対して向けられるべきだったというのにね。

いずれにせよ、わたしはフィスクには一学期いただけでやめてしまった。成績もよくなかった。家族は、おまえは失敗したんだぞ、挫折したんだぞ、とはっきりいったものよ。わたしは二月にキーウェストへ帰り、そのまま九月まで、全然何もしないでぶらぶらしていた。きっと鬱病みたいになっていたと思う。おまえが生まれたその日から、ありったけの金をつぎ込んできたというのに、なんだ、このざまは！　という肉親の感情がとてもつらかった。それでも、つらいだけですむことではないと、心のどこかでわかってはいたのね。やがて鬱屈した状態からも脱け出して、短大に入ることにしてね、そしてウェイトレスの仕事をふたつ見つけて、働きながら学校へ通ったの。ひとつは夕方の五時から十一時までの仕事で、もうひとつは朝の四時半から十一時半までだった。その収入で衣類を買い、学費を払ったけれど、親の家に住んでいたから、食費と住居費は払わなくてもよかった。そのころ、時間給は一ドル六十五セントぐらいだったかしらね。それとチップ。仕事は両方とも軍関係のもので、朝は将校食堂でサンドイッチを作っていたのよ。

将校食堂で働いたことはいい経験になったと思う。そこでわたしは人種差別がわたしという個人に、また他の人たちにどのような衝撃と影響を与えてきたのか、そのことを理解するようになったから。

たとえば、給仕主任をやっていたある黒人男性は、腹の立つことがあると、(客に出す)コーヒーの中に唾を吐いたものだった。それが彼の復讐の方法だった。何も目新しいことじゃない、これは奴隷制の時代にさかのぼる現象よね。奴隷たちはそういうことをしたものだったから。給仕主任を見ていて、わたしにわかったのは、この、唾を吐く、という行為がいつの間にか、彼の習慣のようになってしまっていることだった。客に給仕をしているときは、彼は愛想もよく、迎合的にふるまう――。わたしがこの経験から学んだのは、一から十まで善良であることが必ずしもそれにふさわしい酬《むく》いをもたらすわけではない、ということだった。どこか善良でない部分をあわせ持ちつつ、結果としては、それでいいのだという生き方があるということ、それを学んだと思うの。

短大のあとはフロリダ農工業大へ行って、卒業した。ようやくそのころには、まわりの者たちも、またわたし自身も、わたしはそれほどすっかり駄目なやつでもないかもしれないと考えはじめたようだった。わたしは大学院へ進み心理学を専攻したいと考えて、ハワイ大学とウィスコンシン大学に願書を出してね、その結果、ウィスコンシンにくることになったのよ。そしてミルウォーキー校に通いはじめて、それ以来ずっとここに住んできた。

あなたは何年生まれ？

ジュリエット　一九四六年。

黒人の共同体はいつの時代にも教育を重要視してきたでしょう？　たとえば、奴隷制度の時代にも、禁じられていたけれどひそかに学校を開いて、それを深夜学校《ミドナイトスクール》と呼んで、子どもたちの教育をしたり――。

ジュリエット　あらゆる集団において、子どもらは、教育は個人の社会的な地位の維持や向上をかちとる手段だと教えられているわよね。黒人の集団では、そのことがさらに強調されてきた。教育を受けることによって、黒人はアメリカ社会が黒人に対していかなる計画を抱いているのかを知ることができるようになると考えるからなのよ。教育にはそういう意味がある。つまり、社会の内側に入りこみ、見据えることができる、ということ。そういう動機じたいはまちがいではない。けれども、問題は教育というものが、われわれからわれわれの特質を奪い取り、われわれを骨抜きにすることを前提にして行われている、ということ。洗脳ということばは使いたくないけれど、教育がわれわれを中和してしまうことは確かなのよ。だって、教育はそもそも、アメリカ社会の偉大なるアメリカ的価値と考えられることがらを受け入れる者たちを養成する目的で行われているわけでしょうが。これこそが長年移民たちを迎え入れてきた構造だった。ところが黒人は長いこと、この構造からはずされたところに置かれてきたのよ。それにはわけがあるにちがいない。つまりね、「彼らには、教育によって彼らが変わりうるということを、考えることさえ許してはならない」というわけでしょ？　しかもようやく教育を受けられるようになったら、こんどは劣等な教育を受けさせられる。少し状況が改善されたと思ったら、もういまは教育を行うどころじゃないものね。いま教室は、今日という時代の問題に圧倒されてしまっている。暴力の問題とか、そういうことにすっかりおさえこまれてしまっている。ということは、いいこと、教育は手段である、なんていってみたところで、もはや手段にさえなりえないということなのよ。そもそも教育そのものが不在なのだから。

あなたの両親は、あなたのお兄さんに対しても、教育の重要性を強調したのかしら。

ジュリエット　しなかった。それには歴史的な背景があるの。わたしとちがう意見の人もいるかもしれないけれど、黒人の男たちは歴史的にきわめて不安定な立場におかれてきた。いまだって、そう。世間が男性に期待する資格を持つことを許されないで生きてきた。つまりある時点では、女にはできても、男がしてはより大きな危険をおかすことになるようなこともあったわけよ。それで、男の子よりも、女の子を教育することに重きがおかれてきたという事実があるの。そして、たとえば、わたしの母は——父はそれほどでもなかったけれど——人種差別に対応する態度についても、兄とわたしに、それぞれ異なる姿勢を教えようとしたの。兄にもわたしにも、彼女は暴力にたよれと説きはしなかったけれど、しかしそれといわずに、人種差別に対してすぐに口を開いて抗議するわたしの傾向を鼓舞したのに、兄に対しては、つねにずっと受身の姿勢をとるよう教えていたのね。わたしはそのことが気にかかっていた。そのわけを理解したのは、ずっとあとになってからよ。母は兄を守ろうとしていたのだった。兄が当時リンチされる直接の危険に身をさらしていたというわけではないけれど、母は黒人差別法《ジム・クロウ》が存在した時代の記憶とともに生きていた人だったのだから。リンチのような危険は抽象の知識としてあったのではなく、母はその事実とともに生きた人だったのですものね。母は息子を守ろうとしていた。教育のことにしても、男が高等教育を受けようともくろむことは、あまりにも大きな危険をおかすことになる、という気持があったと思う。

兄は現在、農業経営をやっていて、キーウェストで最初の黒人の農場主となったのよ。母はいまでは兄を偉業の人と考えるようになっていてね、偉大な者になることは、もはやわたしの義務ではなくなったわけ。

あなたの一家の祖父母の代のことは、どのくらいわかっているのかしら。

ジュリエット　父方の祖母はバハマのナッソーの出身で、祖父もそうだった。父はキーウェストで生まれた。母方の祖父のことはよくわからないけれど、彼は〈黒いスペイン人〉と呼ばれていてね。色がとても黒くて、ことばに訛《なま》りがあった、という話なのね。ということは、キューバ出身ということだったかもしれない。祖母のほうは〈マノーケ〉と呼ばれていたけれど、そのことばがどんな綴《つづ》りなのか、見当もつかないのよ。文字で見たことがないの、耳で聞いたことがあるだけで。ともかく彼女はイギリス人とセミノール族インディアンとの混血だった。黒人ではなかったわけね。そしてそれは母の育った土地では問題で、まっ黒な黒人の男が白っぽい女を女房にするといって連れてきたぞ、なんてこった！　と、人びとは騒いだらしい。明らかに、やがて二人の関係は受け入れられることにはなったわけだけれど、わたしの一家では、膚の色はつねに大きな問題とされてきたことがらなのね。たとえば、母は自分の二人の姉たちは白人として通る《パス》、と自慢していたものだった。パスというから、死んだ《パスト・アウェイ》のかいな、と子どものわたしには意味がわからなくてね。あとでわかったのは、二人の伯母たちはべつに白人の振りをしたわけではないけれど、その気になれば、黒人であることを匿《かく》せるほどに、色が白かったということ。ともかく、膚の色については、家の者たちはいつもあれこれ問題にしていて、後になってそのことを思い返してみて、わたしが寄宿学校へ行ったときに、あれほど膚の色の黒いことで苦しんだのも、そういうところに深い原因があったのだと、わかったわけ。フィスク大学へ行ったときに同じような悩みを持ったのも、結局は子どものころに何度も起こったことが、そこで再現されたからだったと思うの。わたしのこのような個人的な体験は特殊なものでもなんでもない。歴史的に、黒人の膚の色と経済的地位は、深く結びついているわけでしょう。だから南部では、黒い膚の者たちは白っぽい人たちに対して強い反感を抱いた。それに対して、あまり黒くない者たちは黒い者たちによって自分たちは差別され排斥されているのだと恨んだりもしてね。すべては奴隷の時代からの遺物なのね。白人の主人たちは女の奴隷たちに子を生ませて、父親によく似ている者たちを家の中に入れて、彼らを「ハウス・ニガー」の名で呼んだものだった。

(社会学者の)クラークは、黒人の生活態度などを研究し、その結果はクラーク研究と呼ばれているのだけれど、時期としては、一九三九年から四九年の十年間が対象になっていた。そのころでさえ、まだ黒人の少女たちは、すばらしい将来を約束されている子どものイメージとして、白人をかたどった人形を選びとっていた。もっとも美しい女のイメージとして。たしかにそういう現象には大きな変化が起きている。黒人の子どもたちは黒人の人形を選びとる、というふうに変わってはきた。でも、わたしの世代は、いまでもクラーク研究の時代の示すことがらの意味を強く意識しているのよ。外側から心をゆがめられてしまった。ゆがめられてきたことをひとたび理解すれば、色のあまり黒くない人びとに対する憤懣《ふんまん》も消える。そのような気持にさせた構造そのものに対して、怒りをおぼえるようになる。

それはそうとして——。

一つだけいっておきたいことがあるの。わたしは年とった女たちに囲まれて子ども時代を過ごしたのよ。女たちはかつては教師だったりした連中だったけれど、わたしが子どものころは、子守りとしてわたしの面倒を見てくれたものだった。この女たちはなんとも驚くほどの知識を持っていて、わたしをさかんに教育したのよ。たがいに競うようにして、わたしに教えてね。六十歳、七十歳の人たちで、わたしに詩文をおぼえさせたりしたものだったの。広く旅をしてきた女性もいて、ルイジアナの魚の行商人のことだとか、話してくれたっけ。言外に彼女たちはわたしに向かって、世界のことを広く知らなくちゃいけないのだよ、といっているようだったのね。だいたいにおいて、学ぶことはよろこばしいことだ、ということを、彼女らはわたしに伝えようとしていたようだった。そのことの意味を考えてみるのよ。フィスク大学で一学期で失敗してフロリダへ帰ったあのどん底のとき、そこから脱け出すための道を示してくれたのは、かつての彼女らとの時間ではなかったかと。あの女たちが強固な土台をつくっておいてくれたから、わたしは助かった。そのような基礎を持っていなかったら、鬱病にうち負かされていただろうと思う。

へこたれるもんか！　という弾性がある。自分でも驚くような。これまでの人生で困難に出あうたびに、その弾性をてこにへこたれずにやってきたわ。大声もあげずに、あきらめず執拗に自分を持続させること。

なんとか生を持続させる、あきらめ、放棄することなしに執拗に生を追うという底力は、往々にして、奴隷制度を体験したことで強くなったことに発しているのである、というように説明されるけれど、わたしはむしろ奴隷制の時代を経てなお生きながらえたのは、奴隷にされたそのときに、彼らはすでにその底力を備えて出発したのだというふうに考えるのだけれど——。奴隷にされたおかげではなくてね。

ジュリエット　奴隷にされたおかげだ、といういい方は、きわめて体系的な人種差別主義の一端よ！　おおかたの人びとは、奴隷制以前には黒人は存在しなかったと信じているものね。最初にアメリカ大陸へ渡ってきた二十人の黒人は奴隷ではなかった。自由民で、奴隷を所有していた。

わたしたちは自らの世界を持って渡ってきた。けれども、アメリカ社会はひとたびその事実を認めたら、あらゆる前提を再検討しなければならなくなるのだから、そうやすやすと認めるわけにはいかないわけでしょうが。

あなたのいう通り、わたしたちはもともと、わたしたち自身のものを携えてやってきた。けれども、親族血族関係を重要視する思想や、口伝による歴史情報の受け渡しという伝統も、同化することで容赦なく侵蝕される。ニューヨークの南ブロンクス区を代表とする地域に見られる荒廃や暴力は、黒人やスペイン語系の人びとの現実への適応の弾力性の様式そのものの、著しい崩壊を表わしている。親族の関係が壊れ、生存に関わる知識や情報の受け渡し方式そのものが破壊されていることがわかるのよ。

おまえらはあるとき、かくも偉大であった、と語る者を持てれば、過去を眺望し、未来へのヴィジョンを持つこともできる。でもそれがなければ、生はすべて〈いま〉と〈ここ〉という視角からしか眺められない。そしてその〈いま〉も〈ここ〉も惨《みじ》めなだけのものなら、人間はあきらめるよりほかないでしょう。鼠《ねずみ》が何かしようとするたびに電気ショックを与える、という科学実験があるけれど、実験を進めるうちにやがて、鼠は屈服し死んでしまう。それは経験を通して絶望が会得《えとく》されることを、経験を通して無力感が会得されることを示しているわけね。昨日、何が起きたかも知らず、明日がどのような日になるのかもわからず、すべてが〈いま〉と〈ここ〉という軸で回転しているなら、わたしたちは電極に乗せられた鼠と変わるところはなく、そうなれば、ただ身を横たえ死ぬのを待つよりしかたないじゃないの。機会もなく、職もなく。自分では全く抑制することのできない衝撃が、否応なしに外からやってくるだけだとしたら。

困難に出あって、それでもなんとか切り抜けていくためには、英知を伝え続けなければならない。生活のストレス、ということがいわれる。そりゃ、わたしだってひどいストレスのある生活をしている。茶の靴と黒の靴を片っぽずつ履いて仕事に行ってしまうことがあるくらいに。でも、過去に黒人が耐えなければならなかった苦難に比べれば、今日わたしたちがいうストレスなど、とるに足らないものよ。そのことがわかれば、日々の困難に対処する力になるはずなのよ。だからね、歴史心理学的な視点がどれほど重要なものか……。

わたしの関係した囚人で、麻薬中毒の男がいた。もう死んでしまった。あるとき、彼は「おれたちはまっ裸よ。それなのに、そのことに気づいてもいないんだ」といったのね。彼は大変な読書家で、エジプト学の本もたくさん読んでいた。古代エジプト人は黒人だったといわれてはいるものの、そういう歴史を知らない者は多い。彼は、自分たちが以前はどういう者たちであったかを知らなければ、裸同然なんだ、といってね。

裸の者はあらゆる危険に身をさらしている。外的な条件に、天候の危険な要素に身をさらしている――彼の洞察は深かった。

彼の罪状はなんだったの？

ジュリエット　麻薬の密売。そしてヘロイン中毒。もう死んでしまった。殺されたのはそれほど以前のことではないの。麻薬取引に関わる事件で殺されてね。三十七歳ぐらいだった。暗い習慣を振り切り、棄てることができなくて——。

わたしの話は、いまはここまで。

大声でいうんだ、おまえは黒い、そして誇り高いと

ジャニス・カミングスの場合

ジャニスは、ジュリエットが膚の色の話をしたし、「わたしはジュリエットよりさらに黒いのだから」、つぎはわたしに話させて、といった。膚の色の黒さがおおきな苦しみの原因をつくっていた時代のことを、彼女は飾ることもなく語る。うつくしいジャニス。

子どものころ、彼女は「まっくろけのジャニス」と呼ばれた。学校にはいって、白人と交渉をもつようになってからがひどかった。「まっくろけ」だから、のけ者にされて、遊び友だちもなかった。味方は彼女の兄たちだけだった。成長してからは、男性とのことで苦しかった、という。「わたしはみにくかったから……そう、わたしはみにくかった。昔の写真みると、みにくい。そのうえ、黒かったから、わたしは自分をうつくしいとは思わなかったの。とても背が高くて、ひどいやせっぽちで……」

結婚して、女の子が生まれた。彼女の赤んぼうは彼女より黒かった。そして、ジャニスは変わった。ジェイムズ・ブラウンも、ちょうどそのころ歌っていたっけ。「大声でいうんだ、おまえは黒い、そして誇り高いと」

ジャニスは一九五〇年生まれの三十五歳。いまは独身。娘は十二歳。彼女の仕事はウィスコンシン州懲治局の刑務所から仮釈放になって出所する者たちを担当する保護監察官で、資格はソーシャルワーカー。

＊

ジャニス　ジュリエットが膚の色のことをいったし、わたしはジュリエットよりさらに一、二度黒いのだから、こんどはわたしが話す番よ。

わたしはもうすぐ三十五歳になる。ミルウォーキーの出身。長女として生まれた。四つ下の妹がいるけど、わたしはひどい目にあってきたと思う。わたしはジュリエットよりまだ色が黒かったから、まわりの者たちはみんな「炭のようにまっくろけのジャニス」と呼んだものだったのよ。

教育についていえば、わたしの育った家庭では、学校へ行くのは当たり前とされていた。高校までは、卒業するのはいわなくてもきまっていることとされ、大学は行きたければ行くがよい、行かなくてもかまわない、というふうだったわね。

わたしの家庭はいわば下層中流階級で、父はずっと州政府の仕事をしていた。母は末の子が幼稚園へ通うようになってから、外へ出て働くようになった。金持ちじゃなかったけれど、いつも暮らしは成り立っていた。

五歳までは貧しい人たちの住む区域に住んでいて、その後、クラーク通りに移ったの。ごく幼いときは、自分の色が黒いことは承知していたけれど、それでひどく苦い思いをしたというわけでもなかった。クラーク通りに引越して学校へ通いはじめ、白人と交渉を持つようになってからがつらかったの。学校ではいつものけ者にされていたし、遊んでくれる友だちもなくて、兄たちと遊んでいたのよ。兄たちも黒かったけれど、男の子だったから、それはそんなに大きな問題ではなかった。兄たちはわたしを守ろうとした。

人びとはわたしをわがままな子だ、といったのね。わたしはわがままだったわけじゃない、なんとか生きのびようとしていただけのことだった。家を訪れる人があれば、わたしは自分の部屋に籠《こも》って、扉を閉ざしてしまった。皆におまえは性格がよくないといわれたけれど、どうしてそういわれるのか、わたしにはわからなかった。わたしはただ、まっくろ、まっくろなんていわれるのが、つらかっただけなのに。

小学校は七、八割が黒人の学童だった。中学校は五割ぐらいが黒人で、高校は七割ぐらいが白人の生徒だった。両親は、学校は行きさえしたらよいのだという態度で出発したものの、時がたつにつれて、より程度の高い教育を受けさせたいと望むようになって、その結果、子どもたちを白人の生徒の多い高校へ行かせることになったの。白人的な環境のほうが、より程度が高いのではないかという考えだったのね……。

以前は、男性との関係において、つらいことが多かった。わたしはみにくかったから……そう、わたしはみにくかった。昔の写真をみると、みにくい。そのうえ、黒かったから、わたしは自分をうつくしいとは思わなかったの。とても背が高くて、ひどいやせっぽちで。……いまじゃ、そういうの、そんなに悪い条件とも聞こえないけどね……。(皆、笑っている) わたしは変人だと思われて、ダンスの相手といえば兄たちの友だちだけで、どんなところへも招かれず……。出かけるといえば、それはいつだって、家族と一緒のときだけだった。

教会はいつも行くことになっていた。アフリカン・メソディスト教会だった。母はペンテコステ教会の会員だったけれど、父は、おれの子どもたちは、おれの教会へ行くんだ、と主張したから。

わたしはこれまで、屈服したりあきらめたりしないことによって、生きながらえてきたと思う。

わたしにとって、肉親がきわめて大切な存在だったのは、膚の色が黒いことで、虐待されたからだと思うの。誰にも、何も悪いこともしていないのに、ただ黒いということだけで、いじめられたから……。

過去のこと、あと、どんなこと話そうか？

ご両親も膚の色のことを、いわれたの？

ジャニス　いった。母はなんとか、そのことを問題にしないように努力してはいたけど。

ご両親はあまり黒くないの？

リビー　おかあさんは黒いじゃない。

ジャニス　まあそうだけど。わたしほどじゃない。わたしはほんとにいちばん黒かったし、新しい化粧品が出るまでは、わたしは炭のように黒かったんだから。たえず膚の色のことで、何かしらあったのね。一九七四年になってはじめて、ようやくわたしは自分の容貌にいくらか自信が持てるようになった、娘が生まれたときに。考えが全体的に変わった。そう、わたしはこのような膚の者だ、そこから出発するんだ、と。ジャニス、頑張らなくちゃ。あんたはあるがままの自分を土台にして考えるんだよ、と。

「黒いことはうつくしい」と大声でいわれる時代がきたことも助けになった?

ジャニス　そう。わたしはミルウォーキーの公民権運動に深く関わっていたしね。両親は、ああ、弱った、弱った、この娘《こ》、どうしちまったんだろうと嘆いて。面倒を起こす子どもだ! といってね。面倒を起こしたわけでもないけど、デモ行進したりすると、父はふくれっ面して、親として、この娘の育て方について、いったいどこでしくじったのか? と悩んでいたっけ。ふり返って考えてみるとき、わたしが、公民権を獲得する運動、という思想に深い関心を抱いていたのか、それとも自分が参加できて、自分の膚の色のことを思いわずらわずに、自分が自分のままいられる場所にいたかったから運動に加わったのか、あまりはっきりわからないのだけれどね。

結婚して、離婚して、娘が一人いる。結婚のことをふり返ってみれば、当時、わたしは自分が何者であるかも知らずにいて、だから、結婚そのものにもちゃんと向き合うことができずにいたのだと思う。まだいまも、すっかり自分がこうありたいと思うような人間になれていない。すぐにはなれそうもない。だから、結婚はまたいつかしたいけれど、近い将来に、というわけにはいかないの。自分に満足できるようになったら、またやってみるけれど、いまは満足していないもの。仕事の面でも、母親としても、少しは向上したと思うけれど、とてもまだまだ。

高校を出るとき、ハワード大学と、ウィスコンシン州立大学に願書を出したら、オシコシ校へ行く奨学金をくれるというので、経済的な理由だけで、そこにきめたのね。でも、九十日しかいられなかった。治安を乱したという理由で、放校になってしまったのよ。抗議行動に参加した、ということで。

ついこのあいだも、母がそのときのことを思いだして笑っていたっけ。「ウィスコンシン大学オシコシ校で、学生の暴動が起きている」とラジオのニュースが伝えると、祖母は母に、「ジャニスはそんなことに巻き込まれてはいないだろうね」といい、父は「そんなことされたら、たまらん」といったのだけれど、母は「ところがね、やってるんですよ！」と答えたのね。わたしが電話して、こうこうだからと母にいったのだけれど、彼女は「それにしても、おまえ、ほかの黒んぼ《ニガー》たちと一緒にやってるわけじゃないんだろうね」なんていうから、「かあさん、ことばに気をつけてよ！」と怒ったの。それは十八か十九のときだったけれど、わたしはまだ膚の色が黒いということについて、きちんと対応できるような答えを持ってはいなかった。

何に対して、抗議していたの？

ジャニス　大学にアフリカ学や黒人学の課程がなかったことに対して。

その後、設置された？

ジャニス　ええ。でも、形ばかりのものよ。わたしは自分の娘を白人の大学に入れるつもりはない。娘自身がどうしても行きたいというのならしかたないけれど、その場合はわたしは学費を出してやらない。

オシコシのことでいえば、オシコシにとって黒人運動はなんだったのか。最近おかしなことがあった。同窓会があってね、運動に加わっていて退学させられたおよそ九十人の半数には、招待状がこなかったの。（皆、大笑い）はじめは腹立てたけれど、考えてみれば、あの運動のことは、いまではそんなに重要じゃないのよ。あの当時は重要だった――でも、それも、逃避ではなかった、といい切ることができない。

その後、ウィスコンシン大学ミルウォーキー校に入って、卒業した。当時はまだ教師になるつもりだったけれど、途中で、ソーシャルワーカーになりたいと気持が変わって、結局ソーシャルワーク学を専攻して、卒業してからはしばらく民間の機関でソーシャルワーカーとして働いた。担当したのは、刑務所関係の人たちで。その前はＡＰ通信社の秘書をやった。ミルウォーキーで大学に通っていたときのことよ。

ここ一年は保護監察官ソーシャルワーカーとして仕事をしてきた。

家族はわたしを助け、ずっと支えてくれた。でも以前のことを話し合うと、やはりまだ膚の色のことでわたしが昔苦しんだことを理解しきってはいないようなの。その問題がなぜそれほど重大な意味を持つのかわからない、と感じているのね。膚の色のこと、彼女がいうほど深刻な問題であったはずがない、誇張してるんだな、なぜなら、ジャニスはこの通り立派にやってきたじゃないか、と思ってるのよ。「おまえはそのことで破滅しなかったじゃないか、傷痕《きずあと》も見えないじゃないか」とね。

家族はあなたほどには、膚の黒さは深刻な問題だと感じていなかったということなら、どのような人びとと話し合ってから、あなたは、そう、これでいいのだ、と考えられるようになったの?

ジャニス　わたしと同じような悩み方をしている連中はなんの助けにもならなかったし、黒くない人たちのことは憎んでいた。色の白い従姉のことなんか、心から憎んでいた。いまではいちばん親しい友だちだけれどね。

でも、これでいいのだ、と考えられるようになってよかった。なぜならわたしの娘はわたしよりさらに黒いのだから、そう考えることができなければ、娘の膚の色に対応できないことになってしまう。

これだ！　と思う瞬間をもたらしたできごとはなかった？

ジャニス　膚の色のことで？

そう。

ジャニス　ジェイムズ・ブラウン。彼の歌、「大声でいうんだ、おまえは黒い、そして誇り高いと」――それがそのときのわたしにとって、きっかけになったのね。だってね、わたしはあらゆることを試したのよ。アフロがうつくしい、となれば、あらんかぎりの努力をしてアフロの髪にしようとしたけれど、わたしの父方にはインディアンの血が混ざっている、わたしの髪は縮れない。なんてこった、わたしはアフロヘアさえできない！　と絶望してね。でも、ちょうどそのころ、「黒く誇り高く」という意識に目覚めた。

現在、自分の手本だと思って尊敬している女性はいる？

ジャニス　ジュリエット。彼女はほんとに鋭い。それとわたしの母。父もいる家庭にわたしは育ったけれど、母のおかげで、子どもたちは刑務所に行くようなことにならず、やってこられたと思う。いろんなつらいことを経て。彼女は七人の子どもをそれぞれひとしく愛し、公平に扱ってきた。母はどの子がとりわけ好きなのだろうかと、わたし、このあいだも考えてみたのだけれど、どうしてもわからない。ひとりひとりをこのうえなく愛してくれた。強い黒人女性。おだやかで、やさしくて。それにひきかえ、わたしは癇癪《かんしやく》持ちで短気で、どうもだめね。

自分は母親としてもまだまだだと思う、とさっきあなたはいったけれど、おかあさんのようになるのが理想なの？

ジャニス　そう。彼女はわれわれの文化に培《つちか》われてきた女だもの。

ご両親はミルウォーキー出身なの？

ジャニス　ちがうの。母は西ヴァージニアで、父はアーカンソーの出身。母がウェイトレスをしてるとき、父が客としてやってきて、えらそうにしてたらしいけれど、結局結婚を申しこんだらしいのね。ミルウォーキーで。わたしの話は、これくらいかな、いまのところは。

離婚したことが、あたしを支えてきたのよね

リビー・フォスターの場合

リビーの語り口はきわめて率直だ。ほかの女たちも率直だが、リビーの率直さは弾むので、彼女の話を聞いていると、こちらまで勇気がわいてくる。なんだってできるような気持にさせられる。まだ四十四歳だが、十八のときに結婚したから、長女は二十四歳で子どももいて、リビーは祖母でさえある。この祖母はたいへんうつくしく、つばひろの帽子をかぶって優雅。二度結婚して、二度離婚したが、いまだって結婚したい。(「また結婚したい？」「わたし？　したい、したい、したい！　いつだってそれを目標に頑張ってるのよ」「どうして結婚したいの？」「だって、すばらしいじゃないの！　誰かひとりのきまった男と暮らすのは！」)

リビーの父は黒人、母はアメリカ先住民。リビーの場合、混血の結果はその容貌にはっきりと見えるのだが、いろいろな人にたずねてみて、先祖がどこかでアメリカ・イン

ディアンと呼びならわされてきた人びととの混血を経験していない場合は少ないのだ。先住民の人びとが黒人の共同体にくみこまれていったようだ。

リビーは高校を卒業して秘書養成学校へ行った。そして結婚して、子どもが二人生まれた。放送学院へ行って、離婚した。それからウィスコンシン大学の舞踊科へかよって、そのあと黒人舞踊団で振付の仕事をした。公立学校で働いたこともあるし、保険の勧誘もやった。バーのホステスもした。いまはジャニスのように、刑務所から仮釈放で出てくる人びとの保護監察官である。人間が相手の仕事は好きだし、自分には適してる、という。

＊

リビー　わたしは北カロライナの生まれ。両親もね。祖父母が先にミルウォーキーへ移っていた。祖父は鉄工所に仕事を見つけ、父の仕事も見つけておいてくれたから、わたしたち一家も移った。父と母が、ここでのほうが子どもたちがよい教育を受けられる、と考えたのが、移転した理由だった。

わたしは七人きょうだい。

わたしは子ども時代には、ジュリエットやジャニスとはすこしちがう問題を抱えていたの。わたしは長女で、まっすぐな長い髪をしていて、早くから、うつくしい容貌をしてるといわれ、そのためにいやな思いをしたことが多かった。九歳ぐらいのときから。からかわれ、男たちがふざけたことをいったり。学校で子どもたちは、わたしの服をわざと汚したり、わたしを叩いたりしてね。両親はそういうことからわたしを守ろうとしてくれた。両親はわたしにきれいな恰好をさせてくれたけれど、きれいな服を着ている子どもたちでさえ、わたしの服を引き裂いたりしてね。ひどく残忍なことをされたの。

一九四七年ごろ、スラムから移った。なぜならば、スラムに住んでいたときは、家族のことで、たえずよその子たちと喧嘩していた。母はインディアンで長い髪をしていて、そのことで、いじめられたり、からかわれたりした。妊娠中の母に襲いかかる者もいたりしてね。そこで、そこを出ることにしたの。祖父母は土地を持っていて、それはすばらしい土質の農地だったけれど、白人がだまして安く買い取った。そのお金でわたしたちは家を買ったの。一九五五年のことだった。

その後、中学校へ行くようになると、わたしは人気者になって、フィギュアスケート大会では三度も優勝したし、高校でははじめての黒人のバトンガールにもなったの。ダンスも一等になった。そんなふうに人生が展開したら、こんどはね、実のきょうだいたちがわたしに対応するのに苦労するようになったわけ。わたしばかりがあちこちに招待されたりして、祖母や母が服をあつらえてくれたりして、特別扱いしたからね。

高校卒業して、秘書養成学校へ行きはじめて、そして結婚したの。十八歳だった。すぐ子どもが生まれたけれど、学校は続けた。二人目の子どもが生まれてから、放送学院へ進んで、そこの課程も終えたのだけれど、そのあと離婚したの。離婚して、小さな子ども二人抱えた独身の母になって、秘書としてずっと働き続けた。そうしながら、ウィスコンシン大学へ入って、舞踊を専攻してね、それから黒人舞踊団の振付師になった。三、四年、やったかしら。その後は公立学校の指導主事補佐になって、二十五人ぐらいの教師の指導をする仕事をしたの。十八歳から五十三歳ぐらいまでの教師たちを相手にしていた。夏になるとまた舞踊の振付をしたし、体操を教えたりもした。保険の勧誘もやった。公立学校で働いて十年半たって、ひどい病気になってね。それまで子どもたちと住んでいた家を売って、母の家に身を寄せることになったの。それからバーで働くようになって、そうしながら、州政府の仕事を探してた。はじめは職業訓練関係の仕事についた。一九七八年のことよ。そしてその後に保護監察官になったの。

これまで二度結婚して二度離婚したことになる。最初の夫は離婚後に死んでしまった。二人目の夫は再婚して子どももいる。いまわたしはまた独身の母よ。長女は二十四歳で、彼女には八歳と六歳の二人の子どもがいるのよ。

えっ、あなた、おばあさん？

リビー　そう！　次女は二十歳でマニキュア師。三番目の子は十一歳。わたしの人生といえば、まあ、こんなところ。

わたしはね、いまになるまで、人種偏見で苦労したことはなかったのよ。でもいま、それでひどい目にあっている。これまでの経験の中でも、ほんとにもっともおぞましい体験。

わたしは黒人の歴史についていっさい何も学んだこともなく、膚の色が問題になる状況に直面したこともなかった。一九八二年までは――。いま、わたしは四十四歳、つまり四十歳まで、たいしたこともなくきたわけ。問題が出てきたのは、政府の官僚主義的な傾向とぶつかったとき。でも、ジュリエットに会ったりして、だんだん適切に問題と対応する力をつけてきた。

あなたはうつくしいということで、それなりの困難を経験してきたようだけれど、今日まであなたが壊れてしまわなかったのはなぜだと思う？

リビー　離婚のおかげね！　離婚して、子どものことがあったから、きちんと生きのびなければならなかった。そのことがあたしを支えてきた！

離婚しなかったら、どうなっていたか想像がつく？
リビー　いまのようにはなっていなかったわね。閉じこめられた欲求不満の主婦になっていたわよ。子どもに対して責任があったことが、わたしを前へ前へと押していった。

子どもは負担ではなくて、あなたの生命線だと思うわけ？
リビー　負担でないことはないわよ。さっさと大きくなって独立してくれ！　と思うものね、あははは。でも、愛してる。二十歳の娘には、もう早く出てってもらいたい。十一歳の子はね……、そうね……、やっぱりわたしの生活の中心だわね。やっぱり、そうよ。

きょうここに集まってくださった皆さんはどなたもご両親そろった家庭の出身なのかしら。
リビー　わたしはちがうのよ。ちがわないのだけどね、わたしの両親は離婚したの、したけれど、ずっと一緒に暮らしてきたのよ。わたしが最初に離婚したとき、母も父と離婚することにしたのよ。

なぜ？

リビー　なぜかなんて、わかるもんですか！　中年期の心のまよいだったんじゃないかな。二人は理想的な夫婦なのよ。母はそのこと、わかってないのね。ひっきりなしに議論し口論して、たがいを知りつくしてる。すっかり理解しあっている。でも離婚するまでは、それほど口論ばかりするのは、これはよくない結婚生活にちがいない、と考えたわけよ。離婚した後、父は働きすぎて体をこわした。二十五年も無欠勤で鉄工所で働き、同時にもう一つ、鋳物《いもの》工場でも働くような暮らしをしてきてね、二つの仕事場をもっていた。そして鋳物工場での労働のせいで珪肺《けいはい》になって、四度も肺の手術をしたの。この十年はずっと病気で、家には酸素ボンベを置いて暮らしている。

で、そのおとうさんとおかあさんは、離婚したものの、一緒に暮らしておられる？

リビー　そうなのよ。まだずっと一緒に暮らしていて、いまだに喧嘩ばかりしてるわ。

離婚して、同じ相手と再婚されたわけ？

リビー　離婚したままよ。同棲してるわけね。法律上の手続きなんかいるものか、わたしらは立派な夫婦だ、といってるわ。父が母に対してかんかんになったら、母は、そうしたけりゃ、自分の家へ帰ったらどう、というわけよね。父のアパートはすぐ近くで、父はそれを自分の叔父に貸してる。理想的な状態だわ。子どもたちはそういうやり方、よく納得いってるしね。もし二人が一緒じゃなかったら、わたしたちにはつらいと思う。

あなた自身、また結婚したい？

リビー　わたし？　したい、したい！　いつだってそれを目標に頑張ってるのよ。いつも恋人はいて、すばらしいけれど、結婚したい。こんど結婚したら、仕事はやめない。

どうして結婚したいの？

リビー　だって、すばらしいじゃないの！　誰かひとりのきまった男と暮らすのは！

誰かが夕食に招いてくれないかしらとか、これこれの行事に出かけたいけどエスコートが見つからないなんていうの、消耗じゃないの。いつも頼れるひとがいたほうが愉快だわ。でも、然るべきときに然るべき場で然るべき人物に会う、というのはなかなか難しい。バーで飲んでて会った男とさっさと結婚するわけにはいかないんだから。

なぜ？

リビー　あなたはバーで会った男と結婚したの？　ちがうでしょうが？　ほら、ごらん。そうはいかないもんでしょうが？　その男がバーの経営者だというのなら、話はべつだけどね。わっははは。

自分の仕事のことはどう思う？

リビー　とてもわたしにあってる仕事だと思う。わたしは人間が好きで、人間とつきあうのがうまいんだから。直接的な接触がいちばん大事だというのが、わたしの信念だからね。一対一のつきあいで、仮釈放になっている連中の更生を助ける、それだけの時間がほしい、そのことを上手にやれる能力がわたしにはあるのよ。でも、役所仕事には書類をいじくりまわす義務が山とある。重複の多い、無意味な作業よ。その分の時間が、実際に人間と過ごす時間を奪い取っている。そのことは気にくわない。でも、自分の仕事で気に入ってることは、仕事を通して、いろいろおもしろい人たちに会う機会があるということね。そして、わたしの経験や知識を生かして、人びとがこれから先の人生を挫折せずに生きていけるように、仕事の可能性などについて助言することができるのもうれしい。わたしの担当している仮釈放中の人たちと、わたしは親密になるのよ。

あなたはどうしてそんなに機略縦横であるわけ？

リビー　わたしはミルウォーキー生まれで、ここで育ち生きてきた。この町の発展をこの目で見てきて、どのような場所にどのような可能性があるかわかっているし、あらゆる階層の人びととつきあってもきた。どん底からてっぺんまで。ラジオ局の宣伝係をやったこともある。それに舞踊を教え、振付したり、公立学校で働いたりして、若い人たちと接触して、彼らを理解できるようになる機会も多かった。こういうこと全部あわせて考えてみれば、わたしが仮釈放で出獄する人たちを助けることは、きわめて当然のことだといえるわけよね。気に入らないのは、役所には、わたしは黒人だから、これこれのことはできまいときめてかかって、わたしの責任の範囲を限定しようとするような連中がいることだけど、そんなことがあったとき、わたしは断固抗議したのよ。ジュリエットなんかの助けを借りて。状況は改善された。

女たちが守り、支持してくれるの、それとも男たちも守ろうとしてくれる?

リビー　女たちと男。男は一人ね。多くの女たちが力を貸してくれた。

わたしはもし自分が五倍くらい黒くなれるなら、どんなことだってすると思ったものだった

メアリ・ヒンケルの場合

ジュリエットが膚の黒さということについて話したとき、「メアリのような膚の色の人には、以前は敵意をもっていたものだ」といった。そしてメアリ自身は、子どものころ、黒くなれたらとどれほど願ったか、そのことについて話した。黒くとも、黒くなくとも、色にかかわる苦しみがあったことを、女たちは語ったのだ。黒くないことがよい、より望ましいとされたのは、奴隷の時代に、奴隷の主人たちが黒人の女たちに子を生ませ、その子らを家のなかにいれて〈ハウス・ニガー〉などと呼んだ歴史の直接的な結果だと、ジュリエットは思う。奴隷制度が廃止されてから後のことを見ても、膚の黒くない度合いと経済的な身分は比例している、と。

黒くとも、黒くなくとも、苦しいという。いずれに転んでも、勝つことがない。膚の色をめぐる白人の思想は黒人の自己像にも深い影をおとしてきたのだ。黒人が白人の思

想を内面化してしまうところまで。すっかり白くても、それが原因で苦しむのなら、黒人は黒いから黒人であるわけではない、ということがわかる。とても色白のある黒人女性がわたしにいったことがあった。「自分は黒人だといわずに、なぜ白人になりすまさない、とあたしにたずねる白人がいる。そういう人びとには、黒人であるとは、精神世界の範疇《はんちゅう》、心理世界の範疇をさすことばであることがわからない、社会的事実をさすことばであるということもわかっていない」

黒人自身にとっては、黒、たんなる黒などという色はありはしなかった。彼らはもともと無数の形容詞をつかって、彩の差異を表現していた。いまものこっているブルースの歌詞をしらべるだけでもそれがわかると、ローレンス・レヴィンは『黒人の文化』という著書で述べている。紫のくろ、青いくろ、真夜中のくろ、魔女のくろ、おいしいくろ、天使のくろ……。黒はたったのひといろ、と考えたのは彼らではなかった。ジェイムズ・ブラウンの「おまえは黒い、そして誇り高い」がさしていたのは、黒はひといろ、と考える世界に対峙するべつの世界の栄光だった。奴隷にされても、おかれた状況と自らの人間性の衝突について凝視していた人びと（『奴隷たちからの聞き書き』というニューディール時代の連邦政府の失業対策の仕事からうまれた記録を見るといい）、奴隷というモノであるといわれても、奴隷制度にたいして独自の見解を維持していた人びと、労働についても、キリスト教についても、家族についても、西欧の思想とはべつの場所で発想していた人びとだ。

メアリは黒人の父と白人の母から生まれた。両親は離婚したが、母は黒人の共同体にのこった。彼女を受け入れたのはその共同体だったから。そして色白のメアリにとって「最初からもうはっきりきまっていたことだった、わたしが黒人であって、黒人として生きていくだろうことは」。

結婚していて、彼女には十歳と二歳になる子どもがいる。現在は証券ブローカーの仕事をしている。まだはじめたばかり。

*

まずジュリエットが膚の色のことにふれ、そのときに、彼女は以前はあなたのような膚色の人、つまり、少しも黒くない黒人に対して敵愾心《てきがいしん》さえ抱いたものだったと述べたわけだけれど、もしかまわなかったら、そのことから話してもらえるかしら。

メアリ　かまわない――。わたしはこのような膚の色をしていることで特別待遇を受けてきたいっぽう、もういっぽうでは、ばかにされ、虐待されてもきたの。わたしはいつも、自分がアウトサイダーだという気持を抱いていた。現在はもう、そういうことはないけれど、以前は、ああ、自分も皆と同じになれたら、と思った。膚色が白いんだね、髪の毛がまっすぐなんだね、といわれたりしないですんだらいいのに、と思ったもの。髪の毛が……といわれると、いつもすごく意識してしまって。

からかったりするのは白人でなくて、黒人だったのでしょう?

メアリ　そう。白人にしてみれば、わたしはただの黒人にすぎなかったわけだから。だからね、人種差別や偏見ということでいえば、わたしはそっちでも、やられていたということ。

子どものころのことをいえば、わたしは自分が猿まわしの猿のような気がしていたものよ。おとなたちが詩を暗誦させて、それをお客にきかせなさいといったりすることが多くてね。皆は、わあ、かわいい子だねとか、わあ、かしこい子だねえ、大きくなったら、あれになるね、これになるねといっていた。いろいろ期待されていたということ。で、遊び友だちの子どもらは、わたしが特別扱いされることにたいして憤慨していて、そのことがつらかった。でも、そういう事実はありながら、小さな子ども時代からの友だちは、いまでもいちばん親しい友人で、その彼女らが、これまでのわたしを支えてきてくれた力のひとつになっているの。以前はたしかに憎みあったりしたこともあったけれど……。わたしは自分が五倍くらい膚の色が黒くなれるのなら、どんなことでもすると思ったものだった。わたしがどのような気持でいるかを知ってさえしたら、誰もひどいことをいったりしなかったでしょうに……。

わたしが自分からすすんで膚の色のことを口にする、ということはけっしてなかったのね。あの人はまっすぐな髪だわねとか、黒くないわねとか、いうことはけっしていわなかったの。そういうことで、膚の色ということがらに人びとの注意が向くことをいつも避けようとしていたのね。皆がわたしを見ていることには気がついていても……。

家族の中で、膚の色が黒くないのは、あなた一人だったの？

メアリ　わたしは黒人と白人の両親の間に生まれたの。わたしの生まれる前に、姉がいたけれど死んで。父と母はわたしが十歳になるまでは一緒だった。二人が別れてからは、母は父の姉と一緒に住むようになった。伯母は結婚していたけれど、子どもはなくて、妹の子どもたちを引きとって、面倒を見ていたの。わたしはその子どもたちときょうだいとして育てられてね。皆わたしより年上で、わたしの面倒を見てくれた。それと同時に、わたしをいじめ、虐待もした。今から考えれば、そのことでわたしは強くなったからいいのだと思えるけど、当時はやはりつらかった。

わたしはミルウォーキーで生まれ、育った場所は「丘《ヒル》」と呼ばれる地域。それは鉄道線路沿いでカナル通りの二十九丁目から三十二丁目ぐらいまでの、白人と黒人が隣りあって暮らしているような界隈だった。皆親しくしていて、そこに住んでいるかぎり自分は安全だ、という感じがあったのね。どこかで何かすれば、それがすぐ自分の家族に伝わってしまうとか、見つけた人にその場ですぐ怒られるとか、大家族制的な雰囲気は血のつながりの全くない範囲までさらに広がっていた。その意味では、わたしは守られていた、といえるかもしれない。完全に黒人だけの地域だったら、もっといじめられていたかもしれない。

白人と黒人が一緒に家庭をもっている場合が多かったの？　それとも白人と黒人が混ざりあって生活している地域だったということ？

メアリ　後者のほう。父は働きすぎて胃《い》潰瘍《かいよう》になって、障害者になってしまった。家庭がついに崩壊するまでの長いこと、父が全然働いてなかったことをおぼえているの。母は伯父の店で働かせてもらったり、女中をしたりして生活を支えたけれど、外で働くことで、彼女ははじめて家の外の世界を見たのだし、収入もあるようになって独立の気持も湧いてきてね。それでも母は家庭を崩壊させまいと努力したけれど、だめになってしまった。それで母とわたしは伯母の家に身を寄せることになったの。
七歳のときのことだった。学校へ歩いて行く途中、「黒んぼ《ニガー》！」といわれた。そんなことはそれがはじめてだった。それまでは一度もそんなことはなかった。黒人とか白人とかいう区別が存在することは、心のどこかで承知していたけれど、実際にそのような事件が起こったのはそれがはじめてだった。家へ帰って、母にその話をしたけれど、母自身はそのような目にあったことが一度もなかったのだから、わたしがどのような気持でいたか、見当さえつかなかった。そのことがあって、わたしは人種ということを、よりはっきりと意識するようになった。

　　おかあさんが……。

メアリ　白人だった。

　　おかあさんは黒人の社会に完全に受け入れられたわけね。

メアリ　そう。ふつう、そういうふう。母の家族は母の結婚を全く認めなかったし、父を受け入れることなど考えられもしなかった。母は自分の家族に追い出されて絶縁されて、ようやくふたたび連絡をとりあうようになったのは、母の姉が死にかけていたときだった。勘当されてから三十年以上もたっていたのよね。

十六歳で高校を卒業したら、カリフォルニアへ行こう、とわたしは考えていたのよ。高校のときはずっとアルバイトをしていたから、貯金が三千ドルにもなってね、それを全部持ってカリフォルニアへ行くつもりだったの。でも、未成年だからだめと、行かせてもらえなかった。それで、大学へ行くことにしたの。

もともとわたしの家では、学校へ行くのは大切だというふうに考えられてはいたわね、高校までは。でも、大学へは進まないほうがいい、といわれていた。なぜなら、高校出て就職したら、収入のある暮らしができるじゃないか、どうしてわざわざ大学へ行って時間を浪費することがあるのか、と。

けれども、わたしが大学へ進むについては、誰かにたいして、そのことを正当化しなければならないということもなかった。高校の最後の二年間は自分で働いたお金でまかなっていたのだし、すでにかなり自立していたのだから。最初は「ミルウォーキー地区職業短期大学」へ行って経理士になろうと思ってね、その勉強をしたの。最初の黒人の経理士になろう！　と思ってね。でも、その当時のわたしは、遊ぶことに気をとられていたから、とても経理士コースのきつい勉強を続けることはできなかったのよ。で、一年たってから、らくな道を選ぼうときめて、心理学を専攻することにしたの。一般教養で六十単位ぐらいとって、ウィスコンシン大学へ転校した。大学院へも進んで、心理学の修士号をとった。そのころはもう結婚していて、妊娠もした。娘が生まれてね。夫がネブラスカの大学院に入ったので、親子三人でそっちへ移った。わたしはその間働いていた。その後またシカゴに移って、そこに四年いたの。そのころ、結婚生活は壊れかけていた。そう、ある三月のことだったっけ、夫に六カ月の間に、なんとかもうすこしちゃんとしないのなら別れるつもりだ、とわたしはいったの。彼はいっさいの努力をしなかった。わたしは一九八三年、ミルウォーキーへひとりで戻ってきて職を探した。七カ月かかって。そうしたら、夫も移ってきて、また一緒になったの。そして、いまわたしは証券ブローカーとしてやっていこうと、試してみているところ。

結局、お金を扱う場所へ戻ってきたわけね。かつては経理士になりたかったのだから。

メアリ　そうよね。

はじめに、あなたは自分が色が黒くないためにからかわれたといったけれど……。

メアリ　からかわれた、というと正確ではないの。皆は口ではわたしをほめたのだから。だけど、機会があれば、乱暴して殴るようなこともしたわけよ。彼らはまちがった考えを抱いていたのだから。うつくしい女とは、と人びとがいうとき、黒人はいつだって、白い膚をして、長くたなびくような金髪をした女の写真などを見せられていたわけでしょう? 美の基準はそれだ、と叩きこまれてしまっていたのよ。その点では、わたしだって同じだった。そんなふうには考えない黒人たちもいたのだけれど、わたしはそういう連中を、当時は知らなかったものね。

黒人と白人の混血児として生まれたあなたは、最初から自分を黒人と考えていたようだけれど。

メアリ　一度も……、けっして……、あんたは白人のふりをしてみたらどうかね、などという者は誰もいなかった。最初からもうはっきりきまっていたことだった、わたしが黒人であって、黒人として生きていくだろうことは。

おかあさんは、白人であるおかあさんは、黒人の社会に属し、そこに暮らしておられた。彼女にとってもあなたは黒人であって、あなたに、黒人として生きていくのだよ、と教えられた？

メアリ　そう。彼女の行動を理解できなかった白人たちにひどい仕打ちを受けたから、母は自分の属した白人の集団には敵意を抱くようになっていた。それに彼女は黒人たちからはすぐに受け入れられたのだったし。

おかあさんは、いつでもあなたをおおいに助けてくれたの、危機的な状況のときには？

メアリ　そうだったときも、そうでないときもあった。彼女は七人きょうだいだったけれど、まだ赤んぼうのときに母親に死なれ、子どものなかった叔父と叔母に引き取られて大きくなった。叔父と叔母は七人もの子どもの世話を負担に感じていたから、彼女はやさしく抱きしめてくれるような母親をもった経験がなかったのよ。自分が母親になったときも、そういうふうにはできなくて、わたしはいつもそういう母親がほしかったけれど、それは実現しなかった。

いい忘れたけれど、いまわたしには二歳になる息子もいて、十歳の娘と、子どもは二人。

結局、離婚はせず、ずっと同じ人と一緒なのね。シカゴに夫を置き去りにして去った時点では、なぜ二人の関係が崩れかけていたのかしら。

メアリ　わたしも夫もストレスの多い生活をしていた。それまでの十年間、ネブラスカとシカゴでは、身近に、わたしを支えてくれる集団がなかった。親しい友だちはいくらかはいたけれど、ネブラスカへ行く以前のように、こころの頼りになる集団に囲まれて暮らしてはいなかった。それで参ってしまってた。孤立感が強まり、気力も弱まり、すっかりふとってしまって、もう、これでは続かないと思ってね。夫は学位論文を書きつつ働き、買ったばかりの家のローンの支払いも追いつかなくなるような状態で、困難は重なり、感情的にもすっかり消耗してしまっていた。それで、わたしはそこを去るのが、自分の精神の健康のためにはいちばんよいと考えたの。その決心は正しかった。夫もそう考えている。

危機の状況にあるとき、あなたを支えるのは何かしら？

メアリ　子ども。子どもたち。それと、わたしは精力的な人間だから、活動して忙しくしていないとだめなの。目標をより高く定めて、エネルギーを使い、自分自身と競合すること、それが支えてくれる。

じつをいえば、白人がそれほどたいした人たちだと思ったことはなかったのね

デブラ・ジャクソンの場合

デブラは、これまでさして苦しいこともなくやってきたのかな、という印象を与える。しかし苦しいことがなかったというよりは、彼女は彼女自身の知性と洞察力をもって、困難をくぐり抜けたのだと思う。彼女が独身であるか、結婚しているかたずねなかったことに、わたしはいま気づく。ほかの女たちにも、わざわざたずねなかったが、彼女らが話した。デブラはそのことについて、何もいわなかった。わたしはそれでいいと思うのだ。どちらの場合であるにしろ。

デブラは一九五〇年生まれ。三十五歳。大学で社会学を勉強して、それから法科大学へ行って弁護士になろうと考えていたが、とちゅう放送局でアルバイトをしたら、それがおもしろくて、そのまま放送の世界にいついてしまったという。わたしが会ったときは有線テレビ局の経営者だったが、いまはすでに、ふつうの極超短波テレビ局の共同オ

ーナーであるはず。

＊

デブラ　わたしはミルウォーキーの生まれ。以前には、ここで生まれ育ちはしたけれどここでは死にたくないものだと考えてる、といっていた。子どものときは、理想の地はニューヨークだと考えていたもの。八歳のころ、従姉と一緒に将来を夢想して、高校を卒業したら、家出してニューヨークへ行こうね、といっていたの。そして、そこで秘書になるんだ！　と。秘書というものが理想の職業だったわけね。でも、ニューヨークへは行かず、ここで大学へ進んでしまった。わたしは四人きょうだいのいちばん上だったけれど、わたしの家では、大学へは行かねばならない、とされていたのね。両親がそうきめていた。親たちはどちらも高校を卒業することもできなかった人たちだったけれど……。母は高校を卒業するまではなんとか学校へ行き続けたいと望んでいたのに、できなかったの。両親は、おまえたちはかくかくしかじかのことを行い、かくかくしかじかの学校へ進みなさい、と指示するしかたで、子どもたちにたいしていたっけ。

人種問題が大きな困難として立ち現われたことはなかったのだけれど、ふり返ってみれば、それが大きな影響を与えたものであったことは確かなのね。ただ、自分ではそれと意識していなかった。わたしとしては、どうも自分がまわりの子どもたちとしっくりいかない、という感じがあって、そのことのほうが大きな問題だった。黒人の友だちとつきあっても、少数の白人の友だちとも、そうだった。自分が変わり者だと感じたの。わたしは黒人の子どもたちがしたがるようなことを好まなかった。ヴァイオリンを習っていたりして、下校時には、廊下にすっかり誰もいないのを見とどけてから帰ることにしていたものよ。ヴァイオリンのケースを抱えているところを見つかれば、「鉄砲撃ってみな!」なんてからかわれたから。高校のときはラテン語を四年間とっていたけれど、ラテン語の学級はどんどん生徒がへってね。そこで黒人の生徒はわたしだけだった。このように、いつもわたしにつきまとっていた問題は、自分が仲間はずれにならずにいられるかどうかということだったの。自分は変だ、どこかおかしいんだと感じていたのね。それがどういうことか理解できずに。いまになれば、わかるのだけれど。黒人だからどう、ということではなく、ただわたしは周囲の子どもたちの好むことと異なることに気持を惹かれていたというだけのこと。黒人の子どもたちについてだけではなく、白人の子どもたちの中にも、わたしと同じことに興味を示す者は見つからなかったのだし。

両親は子どもたちがさまざまな体験をすることを大切に考えていて、たとえば、夏休みになると、一家そろって、キャンプ旅行をする習慣をつくったのね。旅をして、広く世界を見なくてはいけない、といって。家族全員で飛行機を利用する経済的な余裕はなかったし、ホテルに宿泊するのも問題外だった。そこでキャンプしながらの旅ということになったのだけれど、キャンプ旅行に出かけた黒人は、当時はいなかったのよ。

人種問題ということで記憶しているのは、夏のキャンプ学校に行ったときのこと。そこでも黒人の子どもは三人か四人くらいしかいなかったのだけれど、着いてすぐ、シャワーを浴びた後に、白人の少女がやってきて、××ちゃんはシャワールームであんたのしっぽを見ようとしたけれど、見つからなかったんだって、と、わざわざわたしにいったのよ。そりゃ、そうでしょう！　とわたしは答えた。自分にはしっぽがあることになっていると は意外だった。（笑って）後年、カウンセラーとしてそのキャンプ学校へ戻ってみて、小さな子どもたちが愚かしい偏見を持っていること、カウンセラーたちの知識の程度もかなり愚かしいものであることを発見した。

人種問題でいやな思いをした記憶はそれだけなの。わたしの悩みは、いつも、自分が孤立しているということだった。十歳のときから二十代の終わりまでの時代をもう一度生きてみたいとは思えない。その二十年間は、わたしがわたし自身を受け入れることができるようになるための成長の年月だったのね。

大学は、タスキーギ学院（アラバマ州タスキーギにある黒人の学校。初代の校長はブッカー・T・ワシントン）へ行ってくれという伯父の懇願を拒んで、ウィスコンシン大学のオクレアー校へ行った。南部アラバマのタスキーギなんかに行って、ひどい体験をするのはご免だと考えたからだったけれど、オクレアーは大失敗だった。アラバマへ行ったとしても、それほどひどいことはなかっただろうと思うくらい。一年後にオクレアーをやめて、ミルウォーキーへ戻り、マーケット大学に変わって、社会学と商学を専攻して卒業したの。最初の一年は教師になるつもりでいて、そのために奨学金までもらったけれど、自分は教師にはまるで向いていない人間だということがわかった。それで専攻を社会学に変えた。当時は大学さえ出れば、それで自動的に就職できるものだと信じていたの。ところが、そんなものではないとわかって、こりゃいけない、なんとか就職に役立つ技能が必要だと考えて、商学を学んだ。その後で法科へ進もうと計画していてね。法科大学の新学年がはじまるまでの夏休みは働くことにして、それでラジオ局へ行ったの、夏だけ、というつもりで。でも、そのまま放送局にいつづけることになった。それ以来ずっとよ。

おもしろくてね。なまの材料をどう料理して番組を作るか。放送局の運営という側面にも強い興味を持った。それから、放送の持つ力に深い関心を抱くようになった。

孤立していると感じていた時代のことでいえば……

デブラ　そんなにひどい時代だったわけじゃない。わたしの家族はとても親密な関係を維持していたから、わたしにはいつも支えてくれる家族があったのだし。

わたしが十歳のころ、一家は黒人と白人の両方が住んでいる地域へ引越した。そこの黒人は黒人中産階級と見られていたのよ。子どもたちの親は大学を卒業してるのがふつう、というような地域で、わたしは「あんたの両親はどこの大学出たの？」なんてたずねられてね。わたしの両親は大学へ行かなかったのに。そこの連中は《ジャック・アンド・ジル》などの子どもクラブに属していて、夏になると、クラブでバスに乗って遠足に行ったりして、わたしたちはとり残され、手を振って見送っていたっけ。そんなふうに、そこへ移ってからのわたしの一家はやはり完全に仲間入りできなかった。現在、その連中と親しくはしてるけれど、浅い関係だと思う。当時でも、わたしは彼らには問題があると思っていた。

孤立感を抱いていた少女時代、あなたは自分の属する集団は黒人のそれだということは疑わなかった？

デブラ　その点については、いつも明確だった。でも、学校の成績がよかったことで、また、行動に問題がない、ということで、白人の教師たちは、結果として、わたしを黒人の子どもたちから引き離してしまった。黒人の優等生は猿みたいに扱われるのよ。黒人の子どもたちは、わたしが彼らに対して優越感をもってる、ときめてかかって恨んだしね。優等生のグループに入れられたわたしは、そこでそれなりの侮辱も受けた。なぜならば、白人の教師たちはわたしが黒人の生徒として成長することに関心はなかったから。彼らは、わたしは他の黒人の子らとはちがうのだ、と考えていたのね。黒人の子どもたちがどう考えていようと、わたし自身は自分が黒人であることをいつも理解していた。それでも、大学を卒業したら、大会社の経理部長になりたいというのが夢だったけれど、能力があっても、黒人であるかぎりそれは実現しないとわかったのは、後になってからだったわね。能力がないのではない、黒人だから——。いま、わたしはテレビ局のオーナーになったけれど、それもわたしにはできないはず、とされていたことだわね。

黒人の歴史や伝統を意識して育った?

デブラ　そう。父はいつも黒人の偉人について話してくれてね。こういう人びとがおまえたちの偉人なのだ、彼らこそがおまえたちの先祖だ。どれほどのたたかいと苦しみを通らなければならなかったことか、彼らは。その苦しみの歴史のゆえに、彼らを劣っていると考えてはならない。むしろ、それゆえにこそ、われわれはずっとすぐれている者となったのだ、といってね。すばらしい集団に属しているのだよ、われわれは、と、そう教えてくれた。

じつをいえば、白人がそれほどたいした人たちだと思ったことはなかったのね。学校なんかで、白人の子どもたちが理想の人物は誰かとか話し合っていて、白人の教師の名をあげているのを聞いたりすると、まさかと思ったものよ。いまでも、白人で自分の理想の人物をいえ、といわれてもいえないわ。

討論

たたかいは終わっただなんて。まだ始まってもいないのに！

彼女たちは抽象的に民族意識や歴史体験の意味について語っていたのではなかった。黒人と呼ばれる社会集団の、明日のいのちについて語っていたのだ。アイデンティティ、とわたしたちが片仮名で表記することばに関わる哲学的な悩みについて語っていたのでもない。自らのものではない姿勢をとることによって、共同体は収縮する、生きのびたように見えたとしても、死はちかい。彼女たちは肉体の存続について語っていたのである。その危機について。

生きのびたいというのなら、道はひとつしかない、と彼女たちはいった。それは善とか悪の問題であったり、美意識の問題であったりはしない。ひとえにいのちの持続に関わる選択である。

苛酷な状況を、われわれはなぜ生きのびることができた？　上等のステーキなんかやるものか、おまえらは菜っ葉をたべておれ！　そういわれつづけてきた状況を生きのびることができたのは、なぜか？　よろこびを手放すことなく。

たえまない衝撃に対応する精神の装置。対応のメカニズム、とジュリエットはいった。それは歴史の中にあって、指でさし示すことができる。それが見えなければ、麻薬中毒者であったある男のことばどおり、「われわれはまっ裸」。まっ裸でいれば、よろこびを感じることは難しい。しかしいつだって、〈同化〉を強いられる。そして多くの黒人が、主流社会がさしだす価値観や報酬に鋭く注意を向けるべきではないか、と考えはじめる。その代償は集団として所有してきた歴史的な対応の能力をすててしまうこと。「そうなったら、生きのびるということの実質はすっかり変貌してしまう。生きのびはするが、死はちかい、というぐあいに」。集団の歴史の中に未来への接続点を見出すことができなければ、歴史の迷い子になる、と彼女たちはいった。

もうたたかいは終わったんだよ、という者もいる。しかし彼女たちは現在の状況を奴隷解放戦争の後にきた連邦再建の、黒人にとっての大きな危機の時代に似ていると考えている。それは、制度としての奴隷制度が廃止されはしたが、経済的にも文化的にも、黒人はさらに苦しい立場においこまれた時代だった。「そのときにこそ、黒人の知識人は兄弟姉妹のために、たたかいをはじめたのだった」。

ひとまずそれぞれの話に区切りがついて、こんどは皆で話し合ってくれるだろうかとたずねたわたしは、黒人であることのよろこびについて、というところからはじめようかといったのだったが……。

個人的な体験を話してもらってから、皆で討論してほしいと思っていたテーマは〈黒人であることのよろこびについて〉なのだけれど、どうかしら。

＊

ジュリエット　まず前置きとしていわなければならないのは、黒人であることのよろこびを感じるのがきわめて困難な状況を経験するときがあるということ。アメリカの主流社会の価値体系、アメリカの主流社会そのものの存在に圧倒されそうになるときには、よろこびを感じるのはむずかしい。わたしはワパムの刑務所で働いていた時期のことを思うのよ。あれはわたしにとって実に画期的な体験だった。最高警備の男子刑務所にいたのだけれど、黒人はわたしひとりだった。わたしは自分が何者であるかわからなくなったり、あるいは自分という人間を評価できなくなったりすることがあった。主流社会の人びとの意見は正しいのではないかという疑いにとりつかれて、宙ぶらりんになったものよ。具体的に助けを求めることのできる相手はいなかった。「あんた、何をばかげたこといってるのよ！」と、どやしつけてくれるような人がいなければ、黒人であることのよろこびは、効力を失ってしまう。

この国の黒人で、長いこと教育機関と関わりをもった者の多くは、わたしのそれに似た体験をしていると思う。そうと認めない者もいるけれど、認める者たちに問えば、それはひどく恐ろしいことだと答えるのよね。恐ろしいのは、さっき触れた囚人のことばのように、それはまるで裸でいるようなものだから。裸体をさらしている者にとって、よろこびを感じることは難しい。おまえはどこからやってきたのか、おまえは何者であるのか、そしておまえには何ができるのか――それがわからなければ、もうまっ裸よ。

ところが、ふたたび、自分の思想が主流社会のそれと異なることがあってもよいのだ、という意識にたどりつき、地歩を固めることができれば、つまり、異なることはまちがいではないのだと考えることができるようになって、またエネルギーを取り戻す。そして、その過程で、自分の集団の歴史と人間性によろこびを感じることができるようになるのよ。これがわたしの前置き。

デブラ　わたしはおおむね黒人ばかりの集団にいるのだけれど、そこには、またべつの興味深い現象があるわよ。ときには、ほんとに憂鬱になってしまう。後になってふり返ってみれば、ああ、かくのごときは、わが民族ひとり！　こんなやり方するのは、われわれだけだ！　と嘆くわけよ。（全員、大笑い）でも、それまでにも、どうにかひどい状況を切り抜けてきたことを思い出し、われわれは独特の対応装置をそなえていることを理解するのよね。それはすばらしい対応装置で、有色人種でない集団にはない種類のものではないかしら。

ジャニス　もう何もかもに失望して、自分にもうんざりしているような日に、外に出てみて、ああ、もっとひどい状況の人たちがいるじゃないか、と思う。そして、自分の状況は、そんなにどん底のようなものじゃない、また一日一日と頑張ってみようと思いなおす。だって、こんなにいろいろな目にあってきたのに、わたしたちはまだこうして生きているんだから。そう感じると、こころに誇りが満ちてくる。

ジュリエット　和子さん、あなたさっき、黒人の体験について、アメリカへ連行されてくる以前のこと、その後のことを区分して考える方法について触れたでしょう？　それは鋭い区分だと思うのよ。

この国へきてから、黒人はこの社会の経済的恩恵の分け前を平等に受け取れないことを理解した。そして、そのような事実に対応するために何をしたか。対応に必要な精神のメカニズムが必要だった。そしてそのメカニズムはわれわれが奴隷として連行されてくる以前の文化の中に見出されたのよね。この点はきわめて重要。上等のステーキではなく、菜っ葉を食べて生きていかねばならないときに、いかにして、生きることによろこびを見出すか？　それこそが英知であるわけよ。英知はアフリカからアメリカへ移され、対応のメカニズムとして使われた。奴隷制の時代、その後の差別主義の時代にはひとえに〈対応〉が要求された。それが現実だった。その現実に対応しえたのは、口承によって伝えられ、集団的に記憶された英知があったからだった。それが対応の手段や方法を提供したのね。自分たちがそのような手段や方法を所有してる事実さえ意識されていないようなものまで含めてよ。

黒人の家族、それのもつ機能について、いろいろ関心が持たれている。ところが、日常の、たえまない衝撃に対応しつつ、なんとか生きのびていくエネルギーの根源がどこにあるのか、詳しく研究されたことはないのよね。わからないのよ。わたしの感じからいえば、その力の源は過去の歴史の中にあって、それがひとりひとりの精神の中に、生きのび、かつ生きのびる以上のことを可能にする風土を養うのじゃないか。しかし強いられた同化ということが問題として立ち現われてくる。なぜなら、いまや多くの黒人が、われわれは主流社会が提供する価値観や報酬に鋭く注意を向けるべきなのだと考えているように見えるのだからね。われわれが集団として所有してきた歴史的な対応能力をすててしまってそうする、ということよ。そうなったら、生きのびるということの実質はすっかり変貌してしまう。生きのびはするが、死はちかい、というぐあいに。量に対して質という意味でいえばね。接続点……。アメリカにおける黒人の過去に、自らを接続することができないとしたら、いったいどうやってアフリカの過去に接続するのよ!? わたしたちの命をささえてきた親族間の関係の強さが、わたしたちの存続の基盤になってきたことを理解していないのなら、それを保持し続けようとする意志は持てなくなる。たとえば、黒人の葬式で、会葬者たちが泣き叫び抱きあって感情を露わにするのは適切なことであった、ということを理解しないとしたら、そういうことをすすんで拒絶することになる。その結果、われわれは歴史的に自らのものではない姿勢をとることになり、収縮してしまうのではないかしら? 何世紀もかかってつくり上げられた方法が機能しなくなれば、緊張で頭はやられてしまう。だって、見当ちがいの方向を見て、何かを探しているんだから。接続点を歴史の転換の中に見出さなければならないのに、それができなければ、歴史の迷い子になるのよ。

この社会で、この社会のルールによって成功することが、歴史の迷い子になることを意味するなら、そんな成功に価値があるかどうか、と問うの?

デブラ　成功といってもね、内実を見きわめてかからないと。成功なんかしていないのに、成功してると勘違いしてしまうことがあるものね。六〇年代以前、黒人が対応しなければならなかった困難は、現在よりずっとあからさまだったから、見据えることがやさしかった。でも、いまは以前よりもわずかばかりよい職につけて、昔は住めなかった地域に少しは住めるようになって、昔は行けなかった学校に少しは行けるようになって、わずかばかり経済力も増したということで、状況は改善されたと考え、それがわれわれの成功を測る尺度になるかといえば、疑わしい。むしろ状況は退行しているとさえいえるんだから。この先の十年、二十年の経験は、一九五〇年代、六〇年代の経験よりさらに苛酷なものになるだろうけれど、いまの若者にはそれに立ち向かう準備がないのよ。

ジャニス　大学を卒業して、就職して、わあ、これでわたしも成功者だと考えたりしたけれど、ちっともいい気持になれなかった。この数年、生活の質ということを考えている。質は同化の中にはないと思う。主流社会のよろこびそうなことが大切なのか、自分が全面的に自分であることが大切なのか？　同化の中に答えはないと思うのよ。

ジュリエット　それでいい。

メアリ　現実には同化なんてことはありえないのよ。平行線なのよ。

ジャニス　同化しなければ、と考えている人びとはまだ多い。ひとりひとりがもう一度橋を越え渡らなければならない。

ジュリエット　自分が成功したと感じている者たちはとりわけ、たたかいは終わったと信じている。いまだに敵対していると認識していれば、その対象に同化することなんてできないものね。同化させようと懸命になっている抑圧者たちと同じ衣裳を着ける者たちは、たたかいは終わったと誤った判断をくだしているのよ。自分が博士号を取ったからといって、児童扶養手当を受けている黒人を軽蔑して、博士号を持つ白人に連帯感を抱くような者は、個人的にはたたかいは終わったというわけだろうけど、それはナンセンスよ。

デブラ　個人的にはそうかもしれない。

ジュリエット　それはちがう！

メアリ　連中にも、またいつか何かがはね返ってくるのだもの……。

ジュリエット　そうよ！　いい例がある。マルカムXがね、ハーヴァード大学で人種問題についての討論に参加したとき、いったものよ――。

リビー　そのこと、いうだろうと思ってた！

ジュリエット　まあ、彼は冗談半分にいったのだけれど。

黒人で博士号を持つ者は、なんと呼ばれるか？

人びとは、ドクター〇〇とか、ドクター××とか口々に答えた。

ちがうね、とマルカムXはいった。

黒んぼ《ニガー》と呼ばれるのさ。

聴衆はおそらく内心ではそのことばを思い浮かべていたのだろうが、彼が実際にそれを口に出していったことに対して腹を立てた。

わたしにも似たような経験があるの。

ある日のことだった、わたしはめずらしくスーツを着こみ、ストッキングもはいて、ちゃんと対になった靴をはいて、車で刑務所へ向かっていた。助手席には書類鞄《かばん》を置いてね。ドレクス通りの交差点の停車線で止まったところへ、四人の白人の子どもたちが近寄ってきた。年齢は六歳から十二歳ぐらいの一団。そこでわたしは彼らになんと呼ばれたと思う？

黒んぼの牝犬《ニガー・ビッチ》！

わたしはひどい衝撃を受けてね。わたしの最初の反応は書類鞄をちらりと見ることだった。（皆、笑っている）まるで、あんたたち、わたしが何者であるか承知してないんだね!? というみたいにね。ああ、いやだ！　と感じたのをおぼえている。刑務所へ着いたら、誰にも気に障るようなことをいわれたくない、きょうは、と思ってね。そのときよ、マルカムXのことばについて考えはじめたのは。個人的にはたたかいは終わったと思う連中は、そう信じることで自分自身をあざむくことはできる。でも、その姿勢はただ、いまだに続いているたたかいに自分は加わらないよと、表明しているにすぎない。でもね、黒人であるかぎり、逃げることなんかできるものですか。

デブラ　そういう連中はのっけから、たたかいがなんであるかを理解してなかった。これこれの収入を得て、これこれの職業につければいい、というのが最初からの目標だったのなら、彼らはたたかいについて誤解していたことになる。
　黒人はいまだ権力がない。まだ犠牲者のままでいる。そのことがわかっていないから、たたかいは終わったなんて思ってしまう。たたかいなんて、始まってさえいないのに。しかも終わったと考える連中がいることで、いまやたたかいは、より困難になっているとさえいえるのよ。

わたしの日常でいえば、たとえば、弁護士の事務所へ行く、その事務所には、わたしともう一人、黒人の顧客は二人しかいない。受付係はわたしを姓でなく名前で呼ぶ。他の顧客はすべて、ミセス、ミス、ミスターなになにと姓で呼ばれている。わたしは受付係に、わたしも顧客であることを指摘してやらなければならない。腹を立てずに。

わたしの下で働く白人の女性にも、黒人の雇い主だからと軽んじる態度などとってはならないと教えてやらなければならない。わたしが女であることに対してはうらみがましく、黒人であることをいやしもうとしている彼女ら。

毎日のことだものね、こういうことは。たたかいなんて終わってるものですか。

ジュリエット　あなたがね、デブラ、自分の受ける侮蔑を、自分個人に対するものとして受けとめるのではなく、集団に対して向けられたものだと理解することは重要なのよ。

ここにいるわたしたちは皆、いわば社会的地位が上向きになっている者たちよね。そのわたしたちがいま、集団として置かれている状況について正しい判断をくだすことが必要なのよ。いいこと、歴史の中で、黒人が経済的にも文化的にも現在ほどの危機に出あったのは、奴隷解放戦争の後の連邦再建の時代だった。だがそのときにこそ、黒人の知識人、学者たちが黒人の兄弟姉妹のためにたたかいをはじめたのだった。彼らがもし、たたかいは終わったと考えていたのだったら、そんなことはしなかったでしょうよ。一九二九年にすでに、偉大なる教育者であったカーテジー・ウッドソンは、黒人ブルジョワ層に向かって、「教育はきみらを、きみらの集団から引き離してしまうだろう」といっていたのよ。

無意識のうちによ、たとえば大学の科目で単位を取るために勉強するだけで、わたしたちの内部には一つの思想体系が導入されるわけなのよ。だからこそ、積極的にして批判的な、自己との対決が必要になる。消極的に、受身でいてできることじゃない。

メアリ　自分の属する集団との関係を保つことができなければ、絶望よ。自分にとって、膚の色はもはや問題として存在しない、と思いこんだところで、すべての他者は黒人としてあなたを見ているんだから。

デブラ　でもね、自分の属する集団との交流関係を保つことが難しくなることもあるのよね。あるとき、社会学の講座で少数民族集団について学習することになった。それをどう表現してよいのか最初はわからなかったのだけれど、その講座に出ると、ひどくいやな気分になってね。教材も気にくわなかったし、討論テーマもひどくつまらない。——やがて、はたと気がついたのね。この講座は少数民族集団を屈従させ隷属させる目的で計画されたものだった、と。少数民族とはああだ、こうだと定義して、われわれを檻に閉じこめ、永遠に出られないようにしてしまう。わたしが学生たちにそのことをいうと、彼らは、そんなことはない、われわれはデモをしたりして行動することを考えてるんだから！　と答えたのね。あんた頭おかしいのか？　とね。そうなってくると、関係の保持が難しくなる。

ジュリエット　それはそうだけれど、わたしのいおうとしてることは、誰かに対して意識を高めてやろうとするときにさえも、自分自身に対してはきわめて批判的でなければならない、抑圧的体制の加担者とならないために、ということ。

それに……、たとえばケノウイの刑務所へ行く。そこでは黒人同士の内紛が絶えない。そのことがひどく気にかかる。けれどもわたしにはそこで演説するエネルギーがない。そんなことをしたって不毛だともわかっている。内紛は官僚制度によって誘発されているのだ、ということを間接的に伝える方法はないだろうか。

あんた黒人かね？　とわたしにいう人びとがいる。

黒く見えるが、どうなんだね？

わたしは自身も懐疑的になる。囚人たちを組織して、刑務所の実情を改善せよ、と要求して暴動を起こそうとしていないわたしには、黒さがたりないのだ！　ああ、わたしは身をもって、拳を固めて殴り合うような直接的なたたかいをやっていない！ と。

もし仮に、あらゆる黒人の暮らしの中の否定的な要素が消えるようなことがあっても、黒人の特質を失わずにいたい？ 特異な集団であり続けたいと考える？

デブラ　わたしはわれわれの特質を力と呼ぶのだけれど、仮に差別などがなくなったって、生き続けるためにはその力を失うわけにはいかない。生きながらえるためには同化しなければならない、という思想をすてなければだめになってしまうのよ。そして、わたしたちの過去にあった、多くの生存のための知恵をふたたび取り戻さなければ。

ジュリエット　わたしの意見でいえば、わたしたちが生きながらえるということには、特質が失われずにいる、ということを自動的に含むわけよ。それがなければ、生きのびるなんてことを予想することもできない。つまり、日常の生活に、われわれの歴史的心理的遺産を使わなければ、生きていけないということ。

黒人が経験してきた困難が消えれば、黒人の膚は黒いとしても、もはや黒人でなくなって〈一般人〉になれるという立場がある。黒人にあるのは黒人問題であって、文化的な特質ではないという立場よね。

デブラ　それを人種差別というのよ。錯誤があるね、そこには。黒人に問題があるわけじゃない。問題を抱えてるのは白人のほうよ。黒人に対する不正がなくなるなんてことはないにきまってるから、彼らはそんなことになったら、などと心配しないで、もっと切迫した問題を考慮すべきなのよ。

メアリ　黒人がいなくなると、白人もいなくなるわけだわ。

ジュリエット　膚の色というのは恣意的《しいてき》なものだものね。世界には有色の人びとが、すでに大多数となり、有色は優性形質だしね。あなたたち（アジア人）だって、白人にとっては脅威であるわけよ。

デブラ　ジェシー・ジャクソンの〈虹の連合〉が刺激的なのは、もしこの国の有色人種が連合したら、白人は支配力を失うかもしれないからよ。

メアリ　白人にあるのは膚の色による支配力だけなのだから。

デブラ　黒人に向かって、われわれは有色人種グループの一員でもあることを強調すること、これ、わたしにはおもしろい。ただ黒人というだけではないということ。自分たちを少数者の集団と呼ぶかわりに、有色人種グループの一員と考えること。われわれは少数なんかじゃない。この世界全体のことを思えば――。

ジャニス　でも、まず自分が何者であるかをつかまなくちゃいけないと思う。何よりも先に。

デブラ　そりゃ、そう。でも、世界全体を見わたして考えると、わたしは愉快。（笑う）

メアリ　自分はこれでいい、と満足する日なんかこないわよ。自分たちがどのような特質を持った集団であるかについての意識といえば、若い人たちはどうなのかしら。楽観しているの？

ジュリエット　どのような階層の若者や子どもを想定するかによってちがうのよ。ここにきょう集まっているわれわれや、われわれの親類のことなどで考えれば、集団の底力や特質について、若い人たちに教え、学ぶ機会が持てるように意識して生活してるといえる。でもゲットーの人びと、ニューヨークやシカゴのゲットーの人びとを見てみれば、彼らは偉大なるアメリカの夢の恩恵にあずかろうなどという気持もないばかりか、すべてを破壊したがっている。しかも、この社会はある程度その事実を利用して栄えているとさえいえる。麻薬の動くルートを見てみるといい――現状のような麻薬問題があるのは、そのことでとてつもない大儲けをしている人びとがいるからなのよ。その麻薬がわれわれの社会に浸潤し、われわれの集団の男たちを去勢している。女たちをも。将来、家庭の責任者たちになるはずの者たちを。わたしはこの層については悲観的だけれど、デュボイス（W. E. B. Du Bois 一八六八―一九六三。黒人の歴史学者、社会学者。指導者として重要な役目をはたした）のいう、いわゆる「すぐれた十分の一」については楽観的なの。

集団的な自己意識の崩壊の速度と、再構築の速度とどちらがより速いと思う？

ジュリエット　崩壊の速度のほうが速いと、すでにわかっている。でも、いまわたしたちがいっているようなことを考えている人びとは各地にいて、それぞれ状況を改善しようと努力していることも確かなのよ。それでも、黒人の特質を崩壊させていく速さには追いつかない。最悪の経済的状況が、崩壊を促している。できないことはないと信じたいけれど、楽観的になれないのよ。でも、絶望したら、生きていけないから。

デブラ　あなたは悲観してるというけれど――。

ジュリエット　集団全体のことをいってるのよ、わたしは。黒人といったって、われわれは均一の集団じゃない、階層がある。でも、下層に属する五十パーセントのことを、わたしは考えているの。シカゴのゲットーの若者――技能もなく、職もない連中、刑務所にいる連中、あるいは刑務所への道を歩いている連中のことを……。

デブラ　それはわかる。でも、間もなく、その悪循環は白人社会にもおよぶと思う。そうなれば、多数者集団もあわてることになる。そして有色人種グループから指導者が出て、この国を正しい軌道にのせることになる！　性差別や人種差別だけじゃない、この国の抱えている問題は。白人には指導者がいないから、めちゃくちゃになってる。

その点を黒人などは見すかすようになっている。それだから希望がもてる。

ジュリエット　わたしはもう少し悲観的よ。将来を測る尺度の最善の方法は、過去に照らしてみることでしょうが？　ふり返ってみれば、最悪の経済状況が訪れると、下層の内部で葛藤が起こる、たがいに罪をなすりつけ合う。そういう状態を経済恐慌のときに経験し、またこの三十年にわたって目撃してきたんじゃないの？　第二次大戦のときには黒人の就業率が上がった、朝鮮戦争のときもそうだった、でも、それ以外のときはどう？　白人だって、ひどい失業率に苦しんでいるのに、そのような状態をつくり出した政府を再選した！

デブラ　人間はね、自分は少しは苦しまなければならないと考えるものなのよね。でも、やがてうんざりしてしまう。そのとき変化が起こる。それまでの指導層とは異なる者たちを求めることになる。

ジュリエット　歴史が教えてる。アメリカの体制構造そのものに人種差別が仕組まれていることをね。アメリカ社会が異なる何かを求めたとしても、自分たち白人のことだけ考えて求めることになるのよ。自分たちの集団の敗残者たちをまず救済することを考える。われわれはまたしても放置される。

デブラ　そのような構造そのものが崩壊するときが、いつかくると思うのよ。世界の自然資源を掌握してるのは有色の人びとよ。アメリカはその事実と折り合いをつけなければならない、そのことが原因で変化が起こる。ずっとずっと先のことだけれど。何世紀ものたたかいのあとのことだけれど、そのことに、わたしは希望の光を見るのよ。

ジュリエット　反論なし！

第二章

あんた、ブルースなんていったって、ただの唄じゃないか

刑務所から外を見る

刑務所の仕事

臨床心理医としてのジュリエット

このあいだは、あなたの仕事の内容についてたずねることができなかったので、きょうはそのことを話してほしい。まず、心理学の分野へ進もうと考えたわけはなんだったの？

ジュリエット　子ども時代のことがある。わたしの家系には精神病になった人たちが幾人もいてね。大伯父とか、そういう人たち。わたしの母の弟の結婚した相手の一家にも、そういうことがあった。母の弟の妻とその母親はどちらにも病歴があってね。わたしたちのところでは、とりわけわたしの家庭では、そういうことを匿したがる傾向があったのね。わたしは関心を持って、なぜ皆がそのことについて話したがらないのかと考えていた。そのことはわたしのこころを去らず、心理学を専攻するようになったのね、学問としては。同時に、わたしは詩を書くことに興味を持っていた——でも、学問として心理学の分野に入ることをきめた。そして、ずっとそれでやってきた。いまも詩人ではあるのよ。

もう一つの質問は、なぜ懲治局（Division of Correction）で働くことになったのか、というのでしょう？

直接のきっかけは一九七三年の夏、ケンタッキー大学医学部の黒人精神分析医マルズビー博士のところで勉強したことだった。彼はわたしの真の指導者にして理想の人だけれど、その夏、わたしがなるべく多くの経験ができるよう助力してくれて、その中のひとつが女子刑務所へ行くことだった。当時は懲治関係の仕事をするなんて、夢にも考えてはいなかったの。博士と一緒に、いくつかの女囚グループに関わる仕事をしてみると、その女たちととても気持よくつきあえたのね。自分でもやや驚いたのよ。わたしは理想主義者だったし、スノッブみたいなところもなかったわけじゃないもの。でも女たちはほんとに飾らない人たちで、わたしの中の土くさい部分を刺激してくれた。わたしは女たちの体験を聞くことを楽しみ、考え方も変わった。そして博士が、ウィスコンシンへ帰ったら、刑務所関係の仕事をやってみたらどうだといってね。そこで懲治局へ、研修生《インターン》を受け入れることがあるかどうかと問い合わせたら、受け入れているというので、申請して、そして採用になった。当時は刑務所に臨床心理学の研修生を受け入れている州はわずかだった。そのときわたしは成人女子の刑務所に行くことになるだろうと予想していたのだけれど、そうはならず、成人男子の最高警備刑務所へ行くようにいわれた。すごい経験になった。

そのころ妊娠もしたの。妊娠によって、さまざまなことをあとまわしにすることになったから、それは深い意味を持つことになった。

結婚したのはいつ？

ジュリエット　一九七〇年の九月。夫はマイアミに住んで、わたしはここに住んでいて、彼が一九七四年にここへ移り住むまでは年に三、四度しか会わなかったの。

彼はニューヨークのブロンクス出身で、大工なの。わたしが彼と知り合ったのは一九六七年の七月四日、キーウェストでだった。そこで、わたしが短期大学へ行っていたとき。七〇年に結婚して、どこに住むかで大騒ぎになった。彼は海が好きで、船乗りだったこともあるから、キーウェストを離れたくない。わたしはここで大学へ行かなければならない。で、四年間行ったりきたりの暮らしをしたわけ。七四年の六月に彼が引越してきて、九月、わたしは刑務所での研修をはじめたの。妊娠したのは、きっと、十二月ごろじゃないかしら。研修期間中は囚人たちとうまくいったし、仕事はおもしろくやりがいのあるもので、どんどん深入りしてしまった。

研修期間が終わったところで、そのまま職員として採用されて、引き続きそのワパム刑務所で働くことになったの。ミルウォーキーに住んで、往復百三十二マイルの道を、週に四度通ったのよ。妊娠中も、子どもが生まれた後も。上の二人の子どもたち。いま、九歳と五歳の二人。六年間――。

心理学者の資格でする仕事だったのね。現在もそうでしょう？　ミルウォーキー地区だけで懲治局関係の心理学者は何人ぐらいいるの？

ジュリエット　フルタイムが五人。ハーフタイムが数人。あとはコンサルタントとして契約している人たち。

あなたはフルタイム職員の一人でしょう？

ジュリエット　そう。

仕事の具体的な内容を話してほしい。刑務所での仕事と、ミルウォーキーの町での仕事と。

ジュリエット　刑務所では危機状態に陥った服役者に対する処置をとることとか、福祉関係の機関に対する諮問《しもん》、仮釈放審議委員会のために、鑑定のケースも扱う。それと、わたしは隔離舎の中で仕事をするようにもなったのよ。隔離舎とは刑務所の中の刑務所で、当時は、かなりおっかない場所だった。刑務所の中でよくない行動をした囚人が入れられる。わたしはその中でいろいろやった。その後、隔離舎の状況はだいぶ改善されたのよ。

ソーシャルワークの職務に属するようなこともずいぶんしたの。服役者の家族などに対してね。それからＲＡＰ（社会復帰諮問委員会）の委員長もやった。三年間。服役者の社会復帰が健全に行えるようにするためのプログラムを考えるということで、囚人たちの企画を実行したり、夏祭りをやって、彼らの作った手工芸品を展示して売ったりもした。そんなところだったかな、刑務所でのわたしの仕事は……。そう、そう、心理療法もやった。

さて、現在はといえば、やはり同じようなことをしているわけだけれど、ずいぶんあちこち動かなければならない。機動力がいるのよ。郡の刑務所へ行き、弁護士や保護監察官から事情聴取をしたり、心理療法もする。鑑定のケースも多い。女性で保釈や執行猶予の場合、子どもたちは引き離されることが多いのだけれど、子どもの保護ということで、裁判所が被告の精神鑑定を命じる。たいがいその任務がわたしにまわってくる。わたしはやりたくないけれど、州政府に雇われているのだから、断るわけにはいかない。そうなると、法廷において証言する義務も生じる。

これがわたしの仕事のおおまかな内容。でも懲治局関係の仕事を十一年間やってきて、いまでは、わたし自身が、わたしの職務とされていることの責任や役目の内容を再定義しよう、というところへきているのよ。こうあるべきだ、とわたしが考える方向へ。地域にある種々の組織の活動に参加して、服役中の人びとがそれを役立てることができるように働きかけるとか、そういうことがふえてくる。あなたを招いた「女たちの集会」の催しはその例よ。

わたしは長いこと男の囚人たちを相手に仕事していたから、ミルウォーキーで仕事するようになってからは、女子の服役者たちに対応する方法について、わたし自身、新たに適応しなければならなかった。女たちは依頼心が強くて、攻撃的であっても自己主張はない、という場合が多い。どうやっていろいろな制度を利用したらよいか知らない。それでわたしもしんどくなって、それまでのやり方をすて、新たな方法を学ぶことが必要になってきたの。

今年はね、彼女たちを励まして、もっときちんと自己主張することができるような方法を考え、実行したいと思ってね。組織間の連絡網をつくり、女たちが組織を利用する方法を見つけるように導くこと。わたしのやろうとしていることをよく思わない連中もいるのよ。でもね、それは予期できることよね。

というように、わたしはわたしの職務を忠実に遂行するとともに、それをある程度再定義している、というのが現在の段階。わたしの任務をもっと有効な性格のものにするために、そうするのよ。たとえば、わたしはいまだに家庭訪問をしている数少ない心理医の一人なのよ。おそろしい体験もしてきたけれど、やめることはできないものね。

おそろしい体験て?

ジュリエット　ジャーマン・シェパードに襲われかけた二件なんかはその例。あるときは窓からもぐりこんだりしてね。

とにかく、女たちには、地域にある種々の組織を自分のために利用するようになってほしい。組織にも働きかける。

ストレスはひどい。懲治局に勤務する者たちがへばってしまう率はものすごいのよ。平均の勤務年数は五年とされているもの。わたしも実際にもう力つきた、という状態を体験してきた。いま保護監察官は完全に酷使されているし、毎朝、新聞を見るのがこわい。自分の担当している誰かが、兇悪《きょうあく》な犯罪をおかした、という記事が出てるかもしれないのだから。じつに神経がまいる仕事よ。自分が正しい判断をしたと信じていたのに、その人物が強姦したとか、殺人をしたとか知らされると……。ストレスのはげしい仕事、ほんとに。

毎日の勤務時間はどのくらい？

ジュリエット　ここに、つまりわたし自身の診療所にくる月曜日は、十時から八時半まで。土曜日は十時から五時半まで。懲治局へ出るときは八時半から六時半までの十時間。三人の子どものいる女にとって、これはひどいスケジュールよ。そのことはわかってる。でも、自分で開業できる状態にもってくるまでは、このように働くことが必要だった。いずれ、少し変えたいと思っている。

子どもさんたちはどうしているの？

ジュリエット　いちばん上の子は学校で、放課後は友人の家へ行ってる。それを夕方迎えに行くの。下の二人は保育園よ。その二人も夕方迎えに行く。

母親の労働時間が長いことについて、子どもたちはどう感じているようなの?

ジュリエット　ずっと、じっと我慢してきた。でも、そろそろこんなひどい暮らしはいいかげんにしてくれ、といってるわね。かあさんにもっと一緒にいてほしい、一緒のときが必要だと。当然の気持だと思う。

明日は日曜日なのに、「女たちの家《センター》」の集会の準備をして、運営しなければならないのでしょう? 集会が開かれる女子刑務所は「釈放前の女たちのセンター」という正式の名のようだけれど、どういう性格を持っているのかしら? ミルウォーキーの町の中にあって、最少警備の刑務所ということだけれど。

ジュリエット　数年前に、服役者を町の中に住まわせるという考えが生まれたのね。その結果、ここに最少警備の刑務所が設置されたの。目的は、釈放される予定になっている女たちが、なるべくなめらかに社会復帰できるように援助しよう、ということ。彼女たちは学校へ通ったり、働いたりするためにそこから外出することを許されていてね。その仕事が終わり、学校が終わったら帰らなければいけない。土台になっているのは、そのような方法を通して、女囚たちが通常社会にふたたび慣れるように助けようという発想。

完全に社会復帰する直前の、最終的段階なわけね。それにね、仮釈放や執行猶予になっている人びとが規則に反するようなことをした場合、刑務所へ送り返すかわりに、この家へ入れることが望ましいと判断されたら、入ってくるというケースもあるの。仮釈放や執行猶予の規則を破ったことに対しては罰を受けるけれど、学校や仕事を続けることは許される、ということね。

先日の討論で、あなたは伝統的な価値がすてられ、伝統的な暮らしの技能がすっかり失われているという現実がある、といったのだけれど、懲治局の仕事をすることを通してそれを痛感している、といえる？

ジュリエット　痛感しているし、その点について意見もいうの。先日、ウィスコンシン州政府黒人職員連合の集会で講演をしてね。もともと、ストレスについて話してほしいと依頼されたのだけれど、わたしはそのテーマを再定義して、「社会に対するわれわれの対応」ということで話したの。だって、基本的にはそれがストレスなのだから。社会からのたえまない要求にどう応えるか。そこで、わたしがいったのは、黒人が伝統的、歴史的なストレス対処法を放棄してしまったということがあるのではないか、ということだった。信仰という例を考えてみるといい。信仰は黒人の伝統の重要な一部だったでしょう? 歴史心理学がそのことを示している。そして黒人は情動を表現することにおいてすぐれている。情動を表白する方法を多く持っている。様式的に、黒人は白人よりずっと表現力を持っている。そのことは、よりすぐれているとか劣っているとか、ということではない。ただ、われわれはそういうふうだ、というだけ。表現の手段を制限することは、ストレスが苦痛に転化する確実性を高めることを意味する。われわれの歴史をふり返ってみれば、困難に対処する伝統的な方法のひとつは、信仰活動の中で情動的表現を用いる、ということだった。あるいは宗教的な行事でなくとも、集団というコンテクストの中で行われる情動表現が、そうだった。踊りについて考えてみればいい。踊りを軽蔑する黒人もいるけれど、踊りは集団の中での自己表現、不安の解消法、音楽を通して集団と一体化するという、きわめて有用な役割を担える。そういうことをいっさいすててしまえば、その空隙を埋める代用品もなく、真空ができてしまう。ヘルスクラブなんかに入って、その穴を埋めようとする人もいるけれど、それではだめなのよね、多くの人びとにとっては。

そういうことを、わたしは崩壊しつつある事象としていうのだけれど、わたしだけでなく、多くの黒人の精神医がやはり、そういったことへの回帰を提唱している。帰ることだけがいい、といってるわけではないのよ。もちろん、前へも進まなければならない。ほかにも対処様式として取り入れることのできることはいくらでもあるけれど、伝統的な方法をぽいと放棄してしまうのはよそう、ということ。

上流の、中流の黒人、それに労働階級の黒人の一部も、たたかいは終わったと考えがちなのだけれど、こういう連中が現実の状況を目の前に突きつけられたときに体験するストレスははげしい。だって、たたかいが終わってないことは明白なのだから。非現実的な期待を基準として生活すること自体、ひどい緊張を生む。自己に対して、また周囲の環境に対して、明らかに無理な、実現しえない期待を押しつけているのだから。

この点について、わたしはわたしのところへ相談にくる人びとに強調するわけ。ある程度状況は改善されてはきたものの、まだまだ公正や平等が実現されているわけではない現実を見つめることは、生きる指針として役立つのだから、たたかいが終わっていないことを見据えることは――。

この国の刑務所に収容されている人びとの中で黒人が占める割合が、人口比に対して極度に高いことのわけを、どう考えている?

ジュリエット　いろんな理由がある！　わたしは詩を書く。以前に書いた一節を思い出してたところよ。

正義の女神と呼ばれるあの女
目隠しなんか　してやしない
いつだって　盗み見して
スカートの裾をかすめるドルの影を
眺めてきたんだからねえ

黒人の囚人が多いのは、黒人には金の力、機会、アメリカ的なごちそうを手に入れる手段がどのくらいあるのか、という問題と関係がある。黒人の場合のように、きわめて高い失業率に悩む集団、学校に行きながらも、文盲にひとしいような者の多い集団——彼らはごちそうを欲していても、それを獲得するための、いわゆる〈適切な〉技能もない。

下層階級と犯罪には相関現象が見られるかどうかについて、さまざまな議論がされているけれど、白人の犯罪でいえば——白人の犯罪だってやたらにあるのよ——、この両者に相関現象は見られないの。だから、貧困層が犯罪をおかす層だ、というようなことはいえない。どのような犯罪を問題にしているかによるでしょう。白人の上流、中流階層の犯罪の件数はものすごいけれど、腕のいい弁護士、コネ、影響力のある友人などの助けを借りることによって、刑務所行きにならないですむことが多い。黒人の貧しい層にはそれができない。
あるいはまた、黒人の男たちにとって犯罪は、正義はおれに対して適用されていない、それゆえにおれも正義を拒絶する、という態度の表現でもある。いうまでもなく、だからといって、兇悪な犯罪を大目に見るべきだといってるわけじゃない。そんなこと無分別よ。ただ、財物に関わる犯罪は、およそ彼らには妥当な手段でそれらを手に入れる道が閉ざされている事実をあらわしている、とはいえる。

あなたは、過日、習性となってしまった絶望ということをいっていたけれど……。

ジュリエット　エリクソン学派の歴史心理学の理論を催眠療法に応用したものがあって、early learning set と呼ばれている。この療法を受ける者は、彼自身の成育の過程におけるあらゆる画期的な地点を再訪し確認することによって、自己の業績を認識しなおし、自尊心を回復する。そのことが将来の個人的な業績の基盤になる。歴史心理学的な観点で現在を評価する、ということができるわけね。
これは黒人にとって決定的に重要なことだと思う。個人の成就したことのみならず、集団が過去にどのような業績を持っているかを知らなければ、われわれはよりたやすく、人種差別や性差別に屈服してしまう。

このあいだ、習性となった絶望といったときには、わたしはとりわけ黒人の若い男たちのことを考えていたの。逃げ道を持たない彼ら。少なくとも、多くがそのように感じている。その状況を変える力もほとんどない、と思っている。で、彼らは例の実験に使われた鼠のように、自分でコントロールすることのできないショックを受け続けて、ついには死んでしまうよりは、と刑務所へ入る道を選んだり、精神病院に入ったり、犯罪者の生活を選んだりすることになる。彼らの多くは、ときにきわめて非人間的な振る舞いをするようになり、ひどく自己中心的になる。おれ、おれ、おれとなってしまう。そういう者たちが、過去に、やはり極度の緊張を強いられて倒れそうになった人びとが、それでもなお起き上がったことを知れば、必ずしも反社会的、非人間的な手段にたよらなくても、何かをやりとげることはできると、そのことを理解できるようになるのよね。

黒人の服役者との交渉の中で、彼らが彼らの属する集団の歴史についての知識を奪われていると、強く感じる？

ジュリエット　わたしたちは誰もがそれを奪われたままだった。つい最近になって、少し変わってきた。これまでは黒人の冒険家、黒人のカウボーイ、黒人の百万長者とか、大がかりなことをやった黒人のことは学校の教科書にはのってなくて、黒人はすべて奴隷であったと教えられてきたのだから。多くの黒人はまだ過去の歴史を眺める気持になれないでいる。

あまりにも長いこと、黒人は奴隷の身分にあった過去と、黒い大陸、野蛮人の大陸という名で呼ばれたアフリカを、恥と感じてきた、ということがある。奴隷の身分と野蛮人の過去しかないといわれたら、それを記憶していたいなんて思うものか、ということ。そうでしょうが？　もっと、べつの事実を知るようになれば、変わってくる。

刑務所では、黒人が黒人の歴史について知ることのできるような機会が与えられているわけかしら。

ジュリエット　最高警備刑務所には立派な図書館がある。他の図書館からの貸し出しの制度もある。黒人文化グループが組織されているところもある。

一九七六年の暴動をきっかけとして、刑務所の中にさまざまな組織が生まれた。白人のグループ、黒人のグループ、アメリカ先住民グループ、スペイン語系グループ、そして終身刑者のグループとか。それぞれのグループは講演会を催したりすることもできる。エジプトにさかのぼる黒人史を講演した講師もいたっけ。だから州は何もしてないわけでもない。そりゃ、もっといろいろやってもいいけれど。

あなた一人では、一日に十八時間働いたって全部できないものね。

ジュリエット　やめてよ、十八時間なんて。病的な感じがするじゃないの。まあ、でも、わたし、おそらく病的なんだろうけどねえ。

ときには、もう疲れたと感じる？

ジュリエット　そうよ、懲治局の仕事にはもう飽きてきた。本も書いてきたけれど、あまりにも情動的な要素が大きいから、出版しないかもしれない。

これから先は、懲治関係の領域を外から眺めることのできる立場に身を置いてみたいの。そのほうが、わたしの考えや能力がずっと有効に生かせると思うのよ。外へ出れば、懲治体制の官僚主義から離れることができて、もっと自由になれるのだから。

あなたは白人の服役者の面倒も見るのでしょう？

ジュリエット　そうよ。実際会って話し合うのは、黒人がいちばん多いけれど、次に多いのは、南部出身の白人男性なのよ。その次がアメリカ先住民。いちばん少ないのがスペイン語系の人たち。この人たちの文化では、女性は専門職につくべき立場にない、という思想がいまだに根深いのだから、理由を理解することはできる。

わたしの仕事については、まあ、こんなところかな。四時半に緊急の相談にくる女性がいるはずだったのに、こないわね。でも、こういうこと、いくらもある。大変だ、緊急事態だというから、約束すると、時間になっても現われない。どうしたの？　といって、こちらから連絡すると、ああ、もうだいじょうぶ、何もかもうまくいったから、なんていう答えが返ってくるのよ。

それはそうと、あなたが会えそうな二人、明日の集会で紹介するから、そのとき具体的な日取りなどきめたらいい。二人は犯罪の種類からいっても大きくちがうし、年齢にも差がある。ひとりは女性にはめずらしい兇悪犯罪をおかした人だけれど、ある意味では、典型的ともいえる。もうひとりは、先だっても、「あたしは白いからだをもった黒人」と自分でいっていたような、全く異なるケースなのよ。

ともかく明日おいでなさい。刑務所長にも会えるし、「女たちの家」について詳しく知るよい機会でもあるから。

女たちの家

刑務所をたずねる

「女たちの家」と呼ばれているところへ行った。「女たちの家」は正しくは「釈放前の女たちのセンター」で、刑期の終わりかけている女たちや、仮釈放がきまった女たちが収容されている、刑務所滞在の最終地点だ。警備は最小限度で、彼女たちはそこから就職先やさまざまな学校に通ったりすることもできる。町の中に釈放まぢかの受刑者を収容する場所をつくることで、刑期を終えた人びとの社会復帰の衝撃をやわらげることはできないか。それが、町の中に刑務所をつくった理由だったということだ。「女たちの家」の窓には柵もないし、建物のまわりには塀もない。出入りするときには、看守のような人がスイッチでドアを操作するようになっていたようにも思うが、わたしにはどんどん玄関の扉を開けて入っていくことができたような記憶もある。部屋には二人ずつ寝起きしていた。食事は地下室の食堂で、全員そろって食べるようになっていた。わたしがブレンダ・サントラの話を聞きにいって、いっしょに食事するようにと女囚たちや看守にいわれた晩は、鶏肉のソテーとロールパンと莢《さや》いんげんとサラダの夕食だった。

所内での移動は自由だし、仕事や学校へ行くのにバスに乗って行くこともできるから、外部の者がうわべだけ見れば、女子寮のように見えないこともない。「どこへ行っても、かならず帰ってこなければならない。やはり、ここは刑務所なのよ」とブレンダはいった。予定の時間に帰らなかったり、逃亡を企てたりすれば、刑期が延長されたり、ふたたび市外の刑務所へ送り返される。逃亡を企てて、成功した例はないということだった。

いうまでもなく、そこは黒人の女性だけを収容しているわけではない。しかし、人口の比率からいったら、黒人の服役者の割合はひどく高い。関係者が人種別の割合をいうとき、黒人というふうにいわないことが多い。現在は、少数民族の人びとの服役者の割合は、というふうにいうことがほとんどだ。そのようないい方でいえば、ミルウォーキー周辺の女囚のおよそ六割が「少数民族の」女性ということになるそうだが、少数民族とは、この場合、黒人とスペイン語系の人びととアメリカ先住民と呼ばれる人びとをさしている。わたしがそこを訪ねて行っていたころ、収容されていた二十人のうち、正確には何人が黒人女性だったろうか。十三人か十四人ぐらいだったか。

なんらかの罪をおかしたと嫌疑をかけられ、裁判にかけられ、有罪になって服役する。そして仮釈放や刑期を終えたことで、社会に復帰する。そのような体験をする者たちが、ふたたび犯罪を理由に刑務所に押し戻される割合はどうか。黒人女性の場合、その割合は七割だと、これもブレンダの話だった。

刑務所を出たり入ったりすることをくり返すのはなぜか。さまざまな理由が考えられるが、もっとも大きな理由のひとつは、刑務所から放り出されるようにして出ていっても、それでただちに普通の生活ができるわけではないということ。社会復帰したことから受ける衝撃と、どう向かい合えばよいか。働く、といっても、どこへ行けばよい？服役している間に家族や親戚が遠のき、出てきたら、ひとりぼっちになっていることさえある。出所の際に州政府がくれる五十ドルで、どこに寝る場所を見つける？ウィスコンシン州懲治局に働く臨床心理医のジュリエット・マーティンは、刑務所から釈放された女たちが社会復帰に成功して生きてゆけるように、彼女らを助けることのできる組織のネットワークを作ることを考えた。昨年の六月のある日曜日、「女たちの家」ではじめての集会が開かれた。おいでといわれて、わたしも行った。一時保護センター、職業訓練所、職業適性検査センター、カウンセリングを行う機関・組織などから代表をおくってもらって、話してもらおう、釈放されて行き場もなく、困ったらどうするか、それについて情報を与えてくれることのできる人びとを招いておしえてもらおう、そればかりでなく、そういう組織や機関がたがいに知り合うようにもなってもらいたい、そういって集会の原案を出したのは、もともとは女囚たちだった。わたしはそれを実現する手伝いをしただけ、とジュリエットはいった。

ネットワーク作りのための計画を立て、集会の準備をした女たちの中には、つい先ごろまでこの「女たちの家」に服役中の者として暮らしていた女性も混ざっていて、彼女らは積極的に参加した。出所後に援助を与えることのできる公共の、また私立の組織や機関に、集会の趣旨を説明し、参加を呼びかけた手紙の草案を作ったのも、彼女たちだった。長い刑務所の生活を終えて出所して、いまだに社会復帰の衝撃を感じ、模索の日常をおくるある女性が話をするということも、集会のプログラムに含まれていた。

その日曜日、地下の食堂は集会場に変えられて、テーブルには白いクロスがかかり、花がおかれ、調理された食べ物が運びこまれた。ラウンジのつぶれた椅子に、集まってきた各組織の代表者が腰をおろして、開会を待っている。そして、たがいに自己紹介しながら、それぞれが代表する組織の活動内容について説明していた。女たちはそれぞれ盛装していて、きびきびと動く。きわだって美しい何人か。黒人の女性がほとんどかと思うほど、その占める割合は大きい。市外の刑務所に勤務する女性のカウンセラーや看守も出席していた。集会の実現に参加してきたかつての「女たちの家」の住人が、集会の目的を説明した。

「多くの女たちは、釈放されても、身を寄せることのできる家族さえいない。服役している間に、家族や友人の状況が変わってしまって、頼っていけなくなっている場合もあるし、もともとひとりぼっちだった者もいる。出所していちはやく、わたしたちは孤独に躓《つまず》く。新しい生活をはじめる経済力もないし、こころを通わせることのできる相手もなく、ある者はまるで胎内に戻るようにして、刑務所に戻る。そしてそれをくり返すことが、やがて人生そのものになってしまう。どこかでそのような循環を断ち切ることはできないだろうか？　わたしたちはその問題から出発して、この集会を計画してきたのだった。自立してやっていきたい、刑務所に舞い戻りたくはないと思う女たちが、釈放後に相談したり、援助を与えてもらうために行けるところはどこか。

　わたしたちはそういうことに関する知識さえなくやってきた。情報や知識を手にいれるところから、わたしたちは力を持ちはじめる。

　それにわたしたちは男たちに、わたしたちのことを代わって考えてもらったりすることもある。その結果はこんなもの。こんなところに閉じ込められて。自らの生を自らの手に取り戻したい。そのためにも、手段が必要だと思う。再出発の方法を探さなければならないわたしたちには、その方法に関する具体的な知識がいる。本日、おいでいただいた各組織等の代表者のかたがたに、それぞれが提供できる援助の形について話してもらうことの意味は本当に重要なのだ」

　この女性は、わたしはつい先月仮釈放になったけれど、今度こそ逆戻りしないでいけると思う、と結んだ。女囚たちが拍手した。他の者たちも拍手した。

「わたしは牢獄を出たけれど、わたしの中の牢獄をまだわたしから追放することができないのよ」

そういったのは、殺人罪で十四年服役して、仮釈放になったウィルマ・ルシル・アンダーソンだった。集会の会衆に向かって、彼女がそのことばを口にしたとき「女たちの家」の女たちは椅子から立ち上がり、そうだ、そうだといいつつ、拍手をおくった。

わたしの中の牢獄。

つらくはありながらも、ついに慣れ親しんでしまう刑務所の日常。外の世界から、わずかな光がさし込んではくるが、閉ざされた日常。幽閉の日常がこころを風化する。侵蝕する。刑務所にこころが囲われてしまう。釈放になっても、ようやく得た自由をぽいとすてて、胎内に回帰するように、刑務所を目指している。

女たちの拍手の意味はそれだけにとどまらない。わたしの中の牢獄。わたしを縛るものの正体を知りたい。わたしをがんじがらめにしているのは、ウィスコンシン州懲治局刑務所だけなのか。

女たちの拍手は、長い刑務所での生活のあと、外の世界へ復帰して、いまだに殺人の罪について苦しみ、また刑務所の十四年の歳月にすべてを失った四十二歳の女の生との格闘を励ますものだった。心底から。そしてその彼女の格闘の中から生み出された「わたしは牢獄を出たけれど、わたしの中の牢獄をまだわたしから追放することができないのよ」ということばそのものへの拍手でもあった。

なぜなら、「女たちの家」の住人はことばを探している女たちであったから。彼女らは「わたしの中の牢獄」を、自らの生に対して感じる虚無や無意味ととらえることもあって、自らの生の輪郭が不明であることに焦燥と深い悲愁《ひしゆう》を感じているように見えた。自らの生に意味をあたえ、生の輪郭を見せてくれる魔術はないか。混沌や茫洋《ぼうよう》にかたちをあたえることができるもののひとつがことばであるなら、それは魔術のようなものだ。

わたしは女囚から話を聞かせてもらった。そしてその過程で、自分史を語りうる女たちのことば探しの過程が見えてくると感じた。自分史の輪郭が見えてきたとき、彼女たちは希望を持ちはじめた、とわたしは感じた。彼女たちは自らを語る言語を生み出さなければならなかった。なぜなら、それは手近にあったものではなく、欠如していたものだったから。そこらに転がっている言語を拾ってきて語れるようなものであったら、彼女らはそもそも「わたしの中の牢獄」を抱えることにならずにすんだだろう。

わたしの中の刑務所、わたしの中の牢獄。くらがり。自らの生の意味を覆っていた。彼女らのたたかいは、だからひとつには、ことば探しのたたかい。彼女たちの困難は他にも無数にあるし、圧倒的だが、ことば探しのたたかいを軽く見ることはできない。そのたたかいを通して、彼女らは彼女ら自身の存在を回復する。明るみに引き出してくる。

あたしはあたしの主《あるじ》になりたいんだから！

ブレンダの物語

ブレンダ・サントラが最初に逮捕されたのは麻薬の密輸行為が発覚したときだった。彼女はまだ二十歳にもなっていなかったが、月に一度、ニューヨークとメキシコの間を往復して麻薬を運んだ。大掛かりな密売組織をもっている男に雇われて、やった。彼女をその男に紹介したのは彼女の恋人で、恋人はニューヨーク市の「メタドン中毒者診療所」の所長だった。ブレンダは、ふともに麻薬を巻きつけて運んだのよ、といった。メキシコで逮捕されて、アリゾナ州で服役した。それから三年後に、麻薬のことではなかったが、シカゴでふたたび逮捕された。そのときは弁護士の腕で無罪になった。そして三年前に、ウィスコンシン州で仕事をしていて、逮捕され、起訴になり、有罪になって服役した。このとき有罪になったのは、逮捕された場所に、知り合いの弁護士がいなかったからだ、と彼女はいった。

ブレンダは一九五一年、シカゴに生まれた。黒人の母とイタリア人の父との間に生まれた混血児だった。七人きょうだいの四番目。両親は四人目の子どもが生まれるまで結婚しないでいたという。父親の両親が黒人女性との結婚は許さないといったから、四人生まれるまでは、ただ恋人同士でいた。四人目が生まれて、ブレンダの母は、結婚しないなら、別れたいといった。そこでふたりは結婚した。それから、ふたりの間にもう三人、子どもができた。ブレンダは高等学校を卒業すると家出して、ニューヨークへ行った。そこで「メタドン中毒者診療所」の所長と出会い、彼の恋人になり、麻薬を運ぶ仕事をして、そして麻薬中毒になった。彼女は十四年間、麻薬を使い続けた。結婚は二度した。子どもを二人生んだ。

　混血児として生まれ育つことはつらいことだった、と彼女はいった。黒人の側からも侮辱され、白人からも軽蔑された。しかし彼女は、成長するつらさは自分が混血であるからだ、とは考えてはいなかった。蔑みや残酷は、すべて自分にその理由がある、何もかも自分が悪いからだ、と考えていた。それだけではない。黒人の妻をこのうえなく愛した父親ではあったが、彼は自分の子どもたちが半分黒人であることは恥じていた。ブレンダに、自分の母は黒人だといわず、白人のふりをして生きるのがよい、といった。そうしようと思えば、おそらくできただろう。ブレンダの容貌はそういうものだから。彼女はそうはしなかった。「嘘の人生を生きるなんてね」。そして、黒人と結婚した。結局、そうなった、といった。

ブレンダは語る自分と語られる自分の間に距離をおくことができる。その距離が縮み、両者が連結する瞬間はいくらでもある。けれども、またすぐに彼女は距離を回復する。低い声でゆっくりと、ふさわしいことばを探しながら話す。ふと、無表情になることだってあるが、笑うこともまれではない。しばらく彼女といて話すのを聞いていれば、そこには文体があることに気づく。

「あなたは今度の刑務所の生活以前を〈やくざな暮らし〉とか〈裏街道の生活〉とか呼ぶけれど、その世界の女性は具体的にどういうことをするわけ？」

「いろいろなレベルがある。店へ行って、ドレスを二、三枚盗んでくるなんていうのから……、ちゃんと……ちゃんと口を使って、喋《しゃべ》ることで騙《だま》すという……、銀行へ行って……。それも盗みであることに変わりはないわけだけれどね。

喋って、そこにいる者があたしに金を渡してしまうように仕向ける。すべて話術よ、これは。それに、金をだましとる、となれば、すでに金なんか持ってる、と見える恰好をしてなきゃね。そうでしょうが？　だから、あたしが小切手に贋《にせ》の署名をして金を引き出すときには、その金額を引き出す人物にふさわしいなりをしていなければならないわけ。

小切手の偽造は、これは特技なわけで、仕事の一種なのだから。は、は、は。どのようにしてやるのか、知識がなくてはできはしない。専門職だものね、あははは。それに、小切手が現金化される過程について情報を提供できるのは、かたぎの人たちなのよね。話術。それが基盤よね。どういう内容のことを喋ればいいか？　銀行の窓口へ実際に行く前に、あたしはあらかじめ、出納係《すいとう》がたずねることがらについて熟知していたものね。その小切手の持ち主に関するあらゆる情報を承知していたもの」

「この二年間の刑務所の体験で、もっとも苦しかったことは何？」

「子どもたちから離れていなければならなかったことが、いちばんつらかったと思う。そして、これまでどれほどあたしが子どもたちをおろそかにしてきたかを認識したことが。いつかはかならず、その結果があらわれる。見ろ、おまえは子どもたちを、こんなふうにしてしまったのだ、と。あたしは罪悪感に悩んだ。そして罪悪感をのりこえなければならなかった。悪かったと思っただけでは、何も変わらないのだから」

「夫のところへ帰るの？　仮釈放になったら」

(低い、低い声で)「帰らない」

＊

どこで生まれたの？

ブレンダ　あたしはシカゴ生まれ。母はニューオリンズの生まれ。父はシカゴ生まれだけれど、父の両親はシチリアで生まれ育ったイタリア人で、子どものときアメリカへきた。母は九歳のころシカゴへ移り住んだのですって、家族と一緒に。父と母は近所どうしで幼なじみだった。父は母より五つ年下でね。母はひとりっ子で、家は貧しかった。母かたの祖母は障害者で、祖父は母が十歳のときに死んだ。だから母娘は生活保護を受けて暮らしたの。あたしの父の一家は不動産をたくさん持っていて、母が住んでいたアパートも父の一家が大家だった。

でも二人はすぐには結婚しなかった。母が結婚したのは、四人の子どもを生んだあとだったのよ。父の家族は、彼が黒人の女と関係を持つことをいやがっていて、父は両親の機嫌を損ねないために結婚はしなかったけれど、母を愛し続けた。母はついに最後通牒を渡し、いいかげんにけりをつけたいといったのね。それでついに結婚した。あたしは四番目の子で、きょうだいは全部で七人。

子どものころのあたしが目撃したのは、父と母の間の深い愛だった。父は母が外で働くことを望まず、家にいて子どもの面倒を見てなさいといったのね。

あたし自身の子ども時代、それはとてもつらかった。人種の異なる両親から生まれることは、子どもにとってはとてもきついこと。どちらの側からも受け入れられない。ひとりぼっち。兄弟姉妹の間にさえ、いさかいが生まれてね。皆それぞれ身体的な特徴が違うから。ある子は縮れ毛、ある子は直毛というように。七人の中で、あたしの容貌がもっとも白人に近い。そのことで、あたしは兄弟姉妹からもいじめられたの。

両親はひどく厳格で、あたしが家を出た理由のひとつはそれだったとおもう。父は昔ながらのシチリア流儀で——どういうことだったか、よくわからないけど——たしかに母を愛してはいたし、母の母まで面倒を見たけれど、黒人に対して偏見を抱いてもいた、ということかもしれない。ともかく、あたしは何もさせてもらえなかった。買物にも行けなかったし、男の子があたしを見た、それはおまえが悪いんだといって非難されたものよ。色目を使っているとかいわれて。そういうことをいつもいわれているうちに、あたし自身も、そうなのかもしれない、あたしが悪いのかもしれない、と感じるようになってしまったのね。

——いまでも母が話すことがある。あたしが六歳のころ、母は学校の父母会にきた。あたしにとって母はうつくしいひとだった。でも、父母会の翌日、いつも仲よくしている友だちに道で会い、一緒に登校しようとすると、彼女はいったの、「かあさんがあんたと遊んじゃいけないよ、といったからね。あんたのかあさんは黒んぼ《ニガー》なんだってね」。ひどく傷ついて。泣きながら家へ帰り、母にそのことを訴えた。母はどんなにおまえが白人のように見えようとも、この社会は一滴でも黒人の血が混ざっている者は黒人と呼ぶんだよ、といったの。これは彼女がくり返していってきたことよ。だからあたしはこの事実とともに成長したの。父はね、あたしにいろいろさせようとした——白人のふりをしたらどうだ、という考えを教えこもうとしたのよ。でも、あたしはそんな気にはなれなかった。嘘の人生を送るような気がしたし。

　おかあさんを拒絶することだものね。

ブレンダ　そう、それが最大の理由だった。母を拒絶することなんてできない。でも、あたしの妹、十歳年下の妹は、オリーブ色の膚をしていて、看護婦だけれど、イタリア人とかスペイン語系のように見える。彼女は黒人であることを秘密にしていて、そうでないということで通しているの。恋人がいるけれど、恋人を自分の家族に会わせることができない。母はあまり黒くないけれど、黒人だとはわかるから。あたしは人種に関する中傷のことばを耳にすると、腹が立つ。社会がどう定義しようと、自分が何をどう感じているかということは変わらない。あたしは黒人と白人の両方だという気持を持つ者なのよ。

　黒人が白人のことを侮蔑していう、というのもいやだ、ということなのね。

ブレンダ　そう。両方のそういう態度がいや。こういう立場の者は多くないわよね。あたしがどういう人間か知らずに聞き苦しい話をする連中に会えば、あたしはその場を離れる。

こんなことがあった。——最初のタチーダ刑務所へ入れられたときに、書類には白人と記入されたのね。で、この「女たちの家」へ移ってきてから、父と母が訪ねてきてくれた。その後にあたしは自分の関係書類を見なければならないことがあって、ファイルを開けたら、白人ということばの上に線を引いて消して、わざわざ黒人と直してあったのを見たの。ここのソーシャルワーカーがわざわざやったのね。なんてことだ、と思った。白人と記してあろうと、黒人と直そうと、いったいどんな違いがあるのか！　以前はいきりたったものだった。人びとがあたしがどういう人間であるかを見ようとするのではなく、たんにあたしの母の膚の色によって、あたしを分類することでこと足りると考えることにいきりたった。心理療法を受けてから、だいぶ落ち着いてきた。この点はね、あたしが直面し理解しなければならなかった困難な問題のひとつだったの。いままもまだその過程にある。

いずれにしても、白人が黒人について侮蔑的にいう場合のほうが圧倒的に多い。ここにいても、あたしを白人だと思ってる白人連中は、あたしのいる前で、黒人はどうのこうのという。あたしはあたしの母とあたしのことを、連中はこういうふうにいうのか!?と腹を立てる。

あたしは黒人と結婚してる。やはり、そういうふうになったわ——。

家出した、とさっきいったけれど、それはいつのこと?

ブレンダ　高校を卒業してすぐだった。十八歳でね。バスに乗ってニューヨークへ行ったの。あれほど惨めな旅はしたことがない。ハーレムへ友人をたよって行って、そこに住んでね。友だちにプエルトリコ人の男性に紹介された。この男にあたしは麻薬を教えられた。彼はハーレムのメタドン中毒者のための診療所の所長だったのよ。あたしは間もなく麻薬中毒になった。しかも、コカインは注射せずに鼻から吸いこんでいるだけなら中毒にならない、と信じこむほど無知だった。メタドン中毒者診療所の所長は、あたしを麻薬密売組織に紹介してね。あたしはその組織のために、ニューヨークとメキシコの間を往復して麻薬を運ぶようになった。

ふとももに麻薬を巻きつけるようなことをして……。ひと月に一度の割合で運んで、報酬としてヘロイン五オンスと現金千ドル受け取ったものだった。

やがて、メキシコで逮捕されてしまった。一年半刑務所に入れられた。

シカゴへ戻ってから、また逮捕された。弁護士を雇い、八百ドル使って、刑務所行きはまぬがれた。

二年前に小切手の偽造で捕まって、三年半の刑期をいい渡された。いまいるここを出る七月十日で、二年の懲役に服したことになる。

仮釈放になるのね。

ブレンダ　そう。出たらね、夫のところへは戻りたくない。彼は麻薬はやらないけれど、すさんだ生活をすてる準備はできていない。彼はね、あたしが麻薬を常習して、いつも気分が高揚してることが気に入っていたと思うの。怖いものなんかないという気分で、あたしが仕事に出て行ったわけだから。そのような状態でよく稼いできたのだから。

麻薬を買うのにかかる大金も稼いでいたの？

ブレンダ　それはね、あたしにはいつも、麻薬を分けてくれる二、三人の男たちがいたから、そのことで窮したことはないの。彼らはあたしを恋人と見なしていたようだけれど、あたしにとって彼らは、麻薬の供給者だったわけ。その中の一人なんか、イリノイ薬剤業者理事会の理事だった。その男とフロリダとかあちこち派手な旅行をしたものだった。夫にもガールフレンドがいてね。彼は一度盗品を積みこんだ車を運転して捕まり、五年の刑をいい渡されたことがあった。そのとき、あたしを巻きこまずに、彼はひとりで罪を負ったのだけれど……。あたしはもうシカゴへは戻りたくない。戻ったら、また以前のような暮らしをはじめてしまうだろうから。

出たら、どうしたい？

ブレンダ　いまやってるような仕事を続けて発展させてみたい。あたしはいま夜の十一時から朝の七時までという勤務時間で、未成年の犯罪者を収容している施設でカウンセラーをしているの。裁判所で有罪になった少女たちで、この施設は社会復帰訓練所のようなものなの。そこの少女たちの面倒を見るのが、あたしの仕事。家出少女たち、売春をした少女たち、幼児、子どもに対する性的虐待を行った者たち。

そこの少女たちを見ているとね、彼女たち、生まれてから一度だって誰かにやさしく面倒を見てもらったことがないのだという気がするの。たとえば、中でも最悪の一人。あたしもこの子にはほとほと手を焼くことがある。でもそれもこちらの注意を惹くためなのよね。あたしの傍にきて坐り、あたしの腕をとり、自分の肩にまわす。誰でもいい、わずかななさけをかけてほしい、ということなのよ。

十七歳ぐらい?

ブレンダ　十四歳。十六歳が最年長だったけれど、その子は先週逃げてしまった。

カウンセラーというと、具体的には何をするの?

ブレンダ　そこにいる、いるというのが仕事。

あなたが着くころには、もう皆眠っているの?

ブレンダ　まあ、おおかたはね。十時半になったら、部屋に入る規則だけれど、厄介を起こしたいというのがいつも一人、二人はいるものだから。あそこにいる子たちは本当に悪い。何もやる気がない。学校なんか行きたくないとか。あたしにとっては強い関心を惹く仕事なの。その子たちを見ていると、以前の自分を見ている気持になる。あたしにはなんとか彼女たちを助けることができるのではないかと感じるのよ。同じような体験をしてきた者の理解をてこにして――。あたしが麻薬をやめるためにカウンセリングを受けていたときだって、中毒になった体験を持たない者たちに、あたしのことなんかわかるものかと反撥したものね。中毒者であった経験を持ち、そこから再生した者に助言してほしいと思った。

　賃金は払ってもらえるの？

ブレンダ　一時間たったの四ドル五十セントだけどね。あたしのカウンセラーはドポールの刑務所勤務の女性だけれど、彼女はあたしが釈放になったら、ドポールへきてカウンセラーをやったらいい、というのよ。そこなら、時給六ドル五十セント。しかもあたしはすでに経験がある、といえることになるものね。

　このセンターに移ったのはいつ？

ブレンダ　十二月。およそ半年前。移ってからすぐには、「ミルウォーキー地区職業短期大学」へ通ったの。カウンセラーの仕事ははじめてからまだ六週間よ。

学校では何を勉強したの?

ブレンダ　データ処理。タチーダ刑務所にいたときにはじめて、卒業する予定だったけれど、修了できなかった課程があったから。まだ六単位ぐらい足りないの。

修了したいと考えているの?

ブレンダ　そのつもり。使える技能資格をいくつか持っておきたいと思うから。一課程ずつ修了していこうと思う。いまやってるカウンセリングの仕事、とてもおもしろいと思うから、できればその方向に進んでいきたいの。

——

ここまでが、「女たちの家」での集会のあった夜に聞いた話。以下の部分は、べつの機会に面会にいって聞いた話。

この部屋は面会室なの?

ブレンダ　そう。あたしの夫は子どもたちを連れないでくることが多いのよ。ずいぶん勝手だと思う。そのことというと、おれは毎日あいつらの面倒見てるんだからな、というのよね。自分勝手よね……。

じゃあ、はじめましょう。あなたのおとうさんはまだ働いておられるの？

ブレンダ　この十年間、もうずっと働いてない。昔から働くのは好きじゃなかった。いつも自営業をやっていたわ。はじめは父親の不動産管理の手伝いをしていたけれど、その後、父親が父と叔父にカクテルバーのあるレストランを買い与えたので、その経営をしていたのよ。五、六年共同経営していたけれど、ふたりは仲が悪くて長くは続かなかったのね。

さっきあなたがくるのを待って、窓の外をぼんやり見ていたとき、ふと気がついたことがあるのよ。女は男に何を求めるか、ということについてね。あたしはいつも男に失望する、なぜだろうか？　それはね、あたしの父が母をどう遇したか、ということに関係があるのね。ハーレクインのロマンス小説みたいだったわよ！　父は母のために、大きな犠牲を払ってね。

母は七人の子どもを生んだけれど、寝てるところを起きて、おしめを替えるとか、そういうこと、ずっとしたことなかったのよ、祖母がやったものだから。

おかあさんは外で働いておられたの？

ブレンダ　十八ぐらいのときに少し働いたことはあった。自分の母親を養うために。でも父と一緒になってからは外で働いたことはないのよ。

貧困を経験したことはないのね。

ブレンダ　母はうちは貧乏だといったものよ。でもあたしは、うちは貧乏じゃないわよ、貧乏というのはこんなものをいうんじゃない、といったの。あたしたちは必要なものはすべて手に入れたし、欲しいものだっていくらかは手に入れることができたのだから。

高校を出て、大学へ進みたければ、それもよし、ということだったのね。

ブレンダ　そう。

子どもたちのこと、話してくれる？

ブレンダ　しよう。最初の子、娘を生んだとき、あたしは二十歳だった。次の子は八年後に生まれた。あたしは最初、この子にものを与えすぎてしまった。この子が小さかったころ、あたしは徹底してやくざな生活していたから、子どもと過ごす時間はごくわずかで、その埋め合わせをするために、ひたすらものを買い与えたのね。はじめて刑務所に入ったとき、娘は二歳で、あたしの母が世話をしてくれていた。

メキシコの刑務所に入れられたの？

ブレンダ　そうじゃない。連邦裁判所の執行官が迎えにくるまでメキシコ内に留置されて、裁判はアリゾナ州でだった。

その後、ニューヨークへ帰ったの？

ブレンダ　シカゴへ。娘は最初の夫の子で、あたしは彼が嫌いだった。娘は父親に容貌が似ている。精神療法を受けて、そのことがあたしの娘に対する感情にどういう影響を及ぼしてきたかを理解するようになったの。娘の中に父親を見る、するとその子を追い出してしまいたくなって、母に押しつけたりしたわけね。そんなこと、全く気がついてなかった、セラピーを受けるまでは。

娘はいま十四歳になって、もう来月には中学を卒業するの。シカゴにいて、あたしの不在をさびしがってる。父親はあたしのように面倒を見ないから。でも、彼女はあたしがいなくてさびしいという様子を見せない、さびしいのに。これまであまりに深い傷を受けてきたから、自分の四方に壁をめぐらしてしまったのね。もう一人前だ、どんなことだって平気なんだと強がってみせている。

息子は……、彼は……、これもまた問題なんだけどね。(笑って) 父親っ子で。父親は息子をひどくえこひいきしている。娘のこともたしかに愛してはいるけれど、それは彼女が一歳のときから一緒に暮らしてきたからにすぎない。公平に愛してはいない。

あたしはあやまちをおかした。娘の父親は娘が三、四歳のころまではよく会いにきたの。連れて出かけたりしてね。黒人の父親で。当時はもう再婚してた。でもあたしの夫は、この娘のことは、もうおれの責任だから、前の夫に出入りしてもらいたくないといったの。それも自分勝手なことよ。彼はほんとに自分勝手な人間よ。でも、あたしもいいなりになってしまった。

あたしは娘に、この男はあんたの父親じゃないんだよ、といわなかった。ほんとはいってやりたかった、とても。でも、どうきりだしてよいか、どうしてもわからなくてね。そして……、娘はよそから、そのことを聞いてしまった……あたしが今度、刑務所へ入ってから。

そのことで、あの子は苦しんでいる。話題にのぼせることはないけれど。ここを出たら、あたしはそのことについて話すつもりでいる。さまざまな集団療法を経験してきたから、あたしもだいぶわかるようになったのよ。最初に刑に服したときは、変わる気なんか毛頭なかったから、しろといわれることはしたけれど、うわべだけだった。今度は違う。

あたしはここを出たら、娘と一緒に精神療法を受けに行くつもり。ともにときほごさなければならない問題があるのだものね。

　　出所したら、一緒に住むつもり？

ブレンダ　絶対に。心底から娘のことを思って、面倒を見る者はいないことを、あたしはここに入ってからずっと見てきた。あたしの母は世話をしてはくれたけれど、ほんとに大事にしてくれるかといえばね……責任感はあるにしても……母は子どもの世話にはうんざりしてるといっているもの。それに姉が自分の子どもの世話を、両親にずいぶんやらせている。それが重荷になっている。

息子さんのほうは、どうする？

ブレンダ　あたしは二人とも引き取りたい。でも息子を引き取るについては、厄介なことになるかもしれない。父親はすでに、もしあたしが彼のところへ戻らないようなことになったら、息子はおれがもらうと脅迫してるのだから。父親はおれでなきゃ絶対だめだ、と信じてるようなのね。あたしは騒ぎを起こすのはいやだからね、すぐに裁判所に訴えるからといったら、息子を連れてイリノイ州を出る、というのね。

それは恐ろしい。ここで、あたしと同室だった女性が、実際にそういう目にあったのね。一年半も子どもに会えない体験をしたと話してくれた。子どもと庭で遊んでいるところへ父親がやってきて、そのまま連れ去ったということだった。

出所して、二人の子どもとだけでやっていくつもりなのね。昨夜、もう夫のところへは戻らない、あなたは生活をすっかり変えたいのに、夫にそんなつもりはないのだから、と話してくれたけれど。

ブレンダ　あたしはまだあたし自身とたたかわなければならない。十四年も続いた生活様式をすて去ることは、そんなにたやすいことではないのだもの。

でも刑務所へ入れられたときにも、さいわいあたしは何もかもなくしてしまったわけではなかった。無一文で再出発しなければならないわけじゃない。いまでも家具だって衣類だって残っている。それに、弟が死んだときに、彼はあたしと妹を生命保険の受取人にしていたことがわかったの。その残りがまだ八千ドルぐらいある、債券の形で。それだって麻薬を買うのにパーッと使ってしまうところだったろうけれど、父があたしに債券を買わせた。弟は一万五千ドル残してくれたのに、あたしは七千ドル使ってしまった。何に使ったかさえおぼえていない。父があたしに債券を買えといったの。あと一年で満期になる。

出所したら、このままミルウォーキーに住むの？

ブレンダ　シカゴには戻りたくないことはたしかだけれど、ミルウォーキーで生活したいかどうかはわからない。西海岸へ行きたいとも思う。でもまだあまりそのことについては深く考えてみていないのよ。

この七月に出所するときは、仮釈放ということなのだけれど出たらどこへ行ってもいいの？

ブレンダ　連絡先を確定しておかなければ出してもらえないの。再出発の準備をする間、両親のところに身を寄せようと思う。シカゴの郊外に新しい家を建てたから。

現在あなたの夫と子どもは、あなたの両親と住んでいるの？

ブレンダ　夫と子どもはアパートに住んでいるけれど、両親の家へは歩いて行ける距離。

あなたの夫は働いてる？

ブレンダ　働いてない。

非合法のことやって、稼いでる？

ブレンダ　そう。……あたしが娘と一緒に暮らすことはたしかだけど、息子のことはどうなるだろう……。でも夫のような生活をしていたら、六歳の子どもの面倒をきちんと見ることなんてできやしない。真夜中になっても起きていて、どこか外で食事をしたり……。それだけじゃない、息子が夫と同じような形の生活をすることにならないように、環境を変えてやらなくてはならない。そのことは娘についてもいえる。あたしは娘の偶像《アイドル》なのよね、もうすさんだところがある。あるとき、あたしが何かのことで、そういうことをしてはいけないと叱ったら、ママ、あんたが変わったら、あたしも変わるよ、というのよね。は、は、は。で、そりゃそうだね。そうしようよ。ふたりで一緒に変わっていこうね、といったの。

最近子どもたちに会ったのはいつ？

ブレンダ　ひと月ほど前。七十二時間の外出を許可されて、ウィスコンシンの北部にある夏の別荘小屋に行って。あたしは釣りが好きだし、夫は狩猟をするので、小屋を持っているから。あたしはウィスコンシン州を出ることは許されてないから、そこへ行ったの。三日間、一緒にいた。

そういうとき、監視官が同行するということはないの?

ブレンダ　ない。

刑務所の生活は苦しかった?

ブレンダ　そうね、今回のほうがつらかった。以前のときより、歳もとっているからだと思うのだけれど。

こういうと、おかしく聞こえるかもしれないけれど、今回こういうことになったこと、あたしはね……、神に……感謝してるの。そうでなかったら、もう死んでいたかもしれない。以前にだって麻薬やめようとして、できなかった。だから、こんな方法はなかったように思う。

拘置された直後に、麻薬中毒に対する治療が開始されたの?

ブレンダ　そうじゃない。最初は郡の拘置所にいたから。そこでは、ただ収容されて、待つだけなの。

そしてそのときのことが、ひどく不思議なの、あたし自身は不思議とは考えていなくて、奇蹟が起こったと思っているのだけれどね。あたしはこの十四年間、ずっと麻薬をやったりやめたりする生活をしてきた。でも最後の五年間は全く中断することなく使い続けていたのよ。それなのに、郡の拘置所にいたとき、禁断症状を全然経験しなかった。

突然やめて、そのままで？

ブレンダ　あたしのいたフォンデュラックの拘置所には、福音《ふくいん》伝道者や宣教師がやってくるものでしょうが？　あたしのために祈ってくれた伝道者がいたの。あたしは懺悔《ざんげ》し、神にたすけてくださいと願った。彼もあたしのために祈ってくれた。あたしは金曜日に入って、このようなことがあったのは日曜日。それっきり、麻薬をやめてしまった。

使っていたのはコカイン、それともヘロイン？

ブレンダ　ヘロインだった。

やめるとき、いちばん苦しい薬なのにね。

ブレンダ　そう。必ずなんらかの不快な体験をするものなのに、あたしは平気だった。そのことがあって、ああ、もし神があたしのためにこういうことをしてくれるのなら、あたしの人生にはもう少し違う目的があるのだと感じてね。それ以来、そういう気持でいる。

それでも〈もった〉のだ、と思う？

ブレンダ　そうよ、だって、郡の拘置所に、あたしは五カ月半もいたけれど、そこでは、ちょうどこれと同じくらいの大きさの部屋に入れられ、鋼鉄の扉には錠がおりていた。食事が差し入れられ、テレビを見る以外にはすることもない。五人部屋なのだけれど、辺鄙《へんぴ》な地域の拘置所だから、すいていて、がらんとした部屋には、あたし独りしかいないことが二週間続くこともあった。男はたくさん入っているけれど、女は少ないの。だからあたし、朝から晩まで本を読んでいた。五カ月半……、は、は、は。テレビもわずかばかり見たけれど、本はこんなに山積みになったっけ。

本、おもしろかった？

ブレンダ　そうねえ……ほかにしかたなかったものね……は、は。でも、奇蹟があってから、あたしは聖書や聖書関係の本を探して読んだの。いろんな福音伝道主義について読んだ。あたしの身に起こったことについて、すっかり圧倒されていたから、どういうことか知りたかった。なんらかの超自然の力が作用していることに疑いの余地はなかった……。だって、以前に服役したときの経験から、麻薬なしで二十四時間過ごしたら、どんな無惨な状態になるかを経験していたのだから……。

いまでもその伝道者たちとは連絡を絶やさない。

まだ、あるのよ。――裁判中にね、ついにあたしは司法取引をするときめた。検事との取引で、有罪を申し立てれば、五年の求刑ですませてやるといわれたの。九十五パーセントは、司法取引による求刑が認められる。でもあたしの場合、裁判官はそれを認めず、三年半に減らしてくれた。一年半の差は大きい。これが二つ目の奇蹟だった。

そういうことがあって、あなたは変わろうと思ったのね。あなた、それ以前、いまと違う喋り方をしていた？

ブレンダ　違う喋り方？　どういう意味？
　もっと乱暴な口のきき方をするとか……。
ブレンダ　ああ、そういうこと。刑務所でできた友だちと一緒になおそうとしてね。ふたりで辞書でいろんなことばを調べてみたり、努力したの。語彙もずいぶんふえた。
　以前は悪態をつき、ののしるとか、そういうこと、した？
ブレンダ　ああ、ああ、ひどかった！　ことばづかいなど、やはりほかのことと一緒に変わっていったの。自分の特徴で気にいらない部分、なおそうと努力したのよ。たやすくなおることもあったし、変えるのがひどく難しいこともあった。
　何がいちばんいやだったの、自分のことで？
ブレンダ　悪口雑言《あっこうぞうごん》。下卑《げび》た口をきく女は大嫌いなのよ。ぞっとするの。

じゃ、なぜ下品なことばを使っていたの？

ブレンダ　まわりの者たちが皆そうしていたから。自分でもいやだったんだろうけど、そういうことばづかいは裏街道生活の一端なのだから。

ほかには自分のこと、どういう点が嫌いだった？

ブレンダ　あのね、あたしは自分のこと、全然好きじゃなかった、これっぽっちも。子どものころ、まわりの者たちにいつも……、あたしは自尊心がほとんどなかった……。自分が他の人たちと違うということで……何もかもだめなんだと思っていた。あたしについて聞くことばといえば、すべて否定的なことばかりだったもの。

白人と黒人の混血ということだけで？

ブレンダ　そう。嫉妬心で……。

自分はどうせくだらない人間だと感じて、それなら何をしたっていいじゃないか、と考えるようになり、非合法のことをして稼ぐ生活を選んだのだと思う？

ブレンダ　そういうこともある。でも、それだけじゃない。あたしは小さいときから派手好きだったの。たいして歳もいかず、世間知らずで、そういう生活に入ったとき、わあ、これはすばらしい、これこそあたしの求める生活、全然働かなくたって、こんないい思いができる！　と感動してしまった。怠惰だったのよね……きっと……。働くことなんかいやで。やくざな生活の中で、まわりの者たちに、ほら、おまえ、こういうこともやったら、あれもやったら、とおだてられて、そうだ、そうだと調子に乗って。そういう面も手伝っていた。

それに、父は……。父といえば、彼の悪口雑言は、それはそれはひどい……水夫みたいよ。その父はあたしに対して、ものすごく厳格で、とても彼の期待通りに行動することなんかできはしなかった。父の妹は当時四十歳になっていたけれど、独身で親元に住んでいたのね。父の父親はその娘が勤めに出るのを送り迎えしていたのよ！　あたしの父も、それと似たようなことをあたしに対してしていた。それがたまらなくて、家を出た、ということもある。あたしもやや大胆ではあったけれど、それにしても父は……。友だちはいろんなことしてるのに、あたしは何もやらせてもらえない。フットボールの試合を見に行く、そんなことだって……。あたしがそこで誰か男とおちあう約束でもしているにちがいない、と疑うの。彼は母に対しても、きわめて嫉妬心が強くてね、出かけることもほとんど許さず、たまに出かけることがあると、大騒ぎして。父は酒は呑まないひとで、母はちょっと出かけて一杯やってみたいと思うこともあった。べつに毎日というわけじゃない、年に三、四度。父はそれすらいやがった。

あたしは宝石や毛皮のある生活を見つけた……、あたしが紹介された麻薬密売人たちは大がかりな商売をしている連中だったから……。彼らはあたしを利用できると踏んだ……。そしてあたしは利用されるようになってしまった……。（しばらくの間）

刑務所の生活はきびしかった？

ブレンダ　そうでもない。あたしには必要なことだったし。それまでのあたしには時間なんてなんの意味も持たなかったのだもの。夕方六時に、やっと起きたりすることもあったのよ。でも、刑務所へ行って、朝六時には起こされる生活になって。そうでなければいけない。それで少しはしゃんとする。正常な勤労者の生活の型を身につけることができるようになるもの。

そういう変化を愉快と感じた？

ブレンダ　必要と思った、は、は、は。いまだって、朝起きるのつらい。でも努力する。以前はそんなことどうでもよかった。なんでも後まわしにしていた。（タチーダの）刑務所に入って、最初は調理場で働いた。調理場での労働か、ホームケアの労働のどちらかを選べといわれたの。ホームケアは、床のぞうきんがけとか、そういうこと。そんなのいやだとわかっていたから、まあ、少しはましな調理場での労働のほうを選んだ。そこでもやはり学んだことがあるのよね。ささいなことだけれど、以前は台所仕事なんか大嫌いだったから、子どもを連れ出して外食したものだったものね。刑務所の調理場で、台所の仕事のこつや秘訣を学ばしてもらった、あ、は、はは。それから学校へ行きはじめた。

刑務所の中に学校があるの？

ブレンダ　中にある。刑務所にいる刑期中は、働くか学校へ行くか、どちらかをしなければならない。刑務所へ入ると、適性検査を受ける。あたしの場合は――たいていの人たちはそこにいる間に高校の課程を修了するようにいわれるのだけれど、あたしの場合は高校は卒業しているから、働けといわれた。そしてデータ処理のコースが設けられると、そっちへ行くようになった。一月に入って、十月まで調理場の作業をしたわけ。何かで、も、あたしはあらゆることに参加していたの。ぼんやりしているのはいやだった。てたほうが時間のたつのが速かったから。いろんなグループに加わってね、子育ての勉強会、自立する方法を学ぶ会、聖書研究会などだった。週日は朝から晩まで忙しかっしたわ。

おおかたの囚人はね、ただ、ときが経過するのをじっと待っているの。何もしないで。何かやらせるというのはおおごとだっていうのは、奇妙なことだけれどね。そうしたければ、利用し役立てることのできる種々のプログラムがあるのに、おおかたはそんなことする必要を感じないのね。

（しばらくの間。）

ブレンダ　それにね、懲治体制の中に足を踏み入れると、ソーシャルワーカーや職員たちとの関係の中で、いろいろ駆け引きをしなければならない、ということもあるしね。あたしは何もかも率直にやりたい。ええ、あたしはまだこの点ですっかりよくなったわけじゃないと認めつつね。

たしかにあたしだって、一度だけ、ついに誘惑に勝てずに、マリワナ吸ってしまって、尿検査でばれてしまった。二月のことだった。それ以後、NAグループ、つまり「麻薬中毒者匿名会」の集会に通っている。週に二度。それと州がやっている個人的なカウンセリングにも。あたしはNAグループの会合から、とても多くを得てきたの、個人的なカウンセリングよりずっと多くを。グループと一緒だと、麻薬中毒の問題を抱えているのはあたしだけではないと、はげまされるの。同じ経験を持つ者たちが助け合う。個人的なカウンセリングの場合は、自分のいうことが調査され、刑務所に報告されるんじゃないかという不安があるけれど、NAグループの場合は信頼感がある。州政府がやっているプログラムに対しては信頼感を持つことができないの。話すことにも手加減を加えてしまう。でもNAグループなら、なんでも話せる。そして、それ以後、あたしは何もいっさい使っていない。

ヘロインとコカインをやめて、自分ではそうと意識せずに、マリワナで代用しようとしていたのね。あたしはずっとヘロインを使ってた者だ、マリワナなんか麻薬のうちに入らない、というような気持でね。現在では、ようやく、自分はそれがなんであっても、麻薬を一度やったら、もうとどまるところを知らず、別のものにも手を出し濫用《らんよう》するところへ一気にいってしまう性向を持つ人間なのだ、ということを認めるようになって、だから、麻薬はなんであれ、いっさい使ってはならない、ということを受け入れることができるようになった。あたしはヘロインが怖い……、あたしはヘロインが好きなのだから。薬そのものの影響力が怖い。薬そのものがおっかないわけじゃないけど……。だから、家族のところへ帰らしてもらったときにはね、あたしは家から駆け出すようにして、外へ出なければならなかった……。いつかは、そんなことをしないでもよいときがくるかもしれない。でも、いまはまだ誘惑は強い。だから、郊外の母の家へ帰るのがいいと思う。郊外にいて、自分の車もないとすれば……。

四歳年上の姉がここへたずねてきたの。彼女はまだ相変わらずで……。（深い息をついて）彼女を見ていて、自分がもう彼女の立場にないことをありがたく思うの。もうあたしたち共通のことがらもなくなってしまった。あたしの姉だから、愛してはいるけれど、親しくつきあうことはできない。

お姉さんは刑務所に入った体験はないの？

ブレンダ　ない……。運がいいのね。

あなたは刑務所に入れられたことをきっかけにして変われた、というふうにいうけれど、刑務所がよいところだ、誰でも一度は行くべきところだ、とは思わないでしょう？　愚かしい質問だけどね……。

ブレンダ　いいところなんて思わないけれど、愚かしい質問でもない。刑務所はね、あなたを変えるか、破滅させるか、そのどちらかよ。経験からなんらかの知恵を得るか、さもなければ、出たり入ったりの人生を送ることになる。

そういう例をたくさん見てきた？

ブレンダ　あたし自身がそうよ。最初の経験から十年もたっていたとはいうものの、結局は戻っていったのだもの。一度入ったことのある者は、必ずもう一度入る。時間の問題なのよ、逆戻りする率は七割なのだから。あたしはそんな生活したくない。
あたしはね、当局の連中とうまくいかない。前にいたタチーダとここでは、夜と昼の違いよ。ここには温かさというものがある。でも前にいたところでは、あたしは職員とは口もきかなかった。連中は服役者のことなんか、どうでもいいと思ってる。親身なところはない。あたしは口もききたくなかった。それにあっちでは、偏見がもっとはばをきかせていた。だってね、黒人の女囚が百二十五人もいるのに、黒人の職員はひとりもいなかったのよ。黒人の取り扱い方は違うの。

黒人の女囚の割合は？

ブレンダ　黒人だけでなく、少数民族の女囚全体の数でいえば、六割くらい。職員の多くは、刑務所をただ処罰のための場だと考えている。服役者の中に、なんとか変わりたい、やりなおしたいと努力する者を見つけると、反感を抱くのね。そうなると二重の危険にさらされていることになる。

日曜日の集会に、タチーダ刑務所からきていた女性の所長とカウンセラーは、白人だったわよね。

ブレンダ　彼女たちは違うのね。上のほうの立場になれば、内心でどう感じていようと、職業的な責任感と公平さは備えている。教育水準の違いもあるの。日曜日の集会にきていたクリス・クランキーはずいぶん助けてくれた。彼女に偏見があるのをあたしは承知している。あたしにはすぐにわかる。でも彼女は公平だった。それだけでいい、そのことを尊敬している。

ここはね、職員も親切だし、服役者は二十人しかいないから、なごやかにやっていける。誰も彼もがあたしのことを好いてくれるわけではないことはわかっているけれど、あたしはそれぞれに対して敬意を払うし、あたしに対してもそうであってほしいと考える態度で、あたしは接しようとしている。

ここを出るときには、このセンターには七カ月いたことになるの？

ブレンダ　七カ月半。長い期間よ。ふつうはここにいるのは長くて四カ月だもの。あたしがタチーダにいた期間はふつうより短かった。適応が良好だったということで、ここへ早くこられた。ここのほうがタチーダより少しはらくだし、責任もふえる。もともとミルウォーキーに住んでいた者なら、町の真中にある刑務所にいるのは、つらい。何もかもすぐ近くなのに、何もかも遥か遠くて手がとどかない、ということだから。あたしはミルウォーキー出身者じゃないから、その点はよかったの。ここの出身だったら、勤め先へ通って、人びとの姿を見て、なおも寄り道しないでまっすぐこの刑務所へ帰ってくるのはつらかったろうと思う。寄り道したりすると、タチーダへ送り返される。ここから送り返されたら、仮釈放になるのが遅れることになる。

仕事に出かけるときはどうするの？

ブレンダ　バスに乗るのよ。でも朝の出勤明けには迎えにきてくれる。仕事先がバスの通っていない場所だったり、バスのない時間帯だったり、危険な地区で、バスの停留所に夜中に立って待っていたりしないほうがいいというような場合は、ここのワゴン車が送迎する。服役者の運転する車なの。

じゃあ、寄り道しようと思えばできるのね。

ブレンダ　そうよ。でも、誰も見張っているわけでもないようなのに、あたしはここにいて、捕まった例を多く見すぎてきた。毎日のように——ほんの一、二時間のことで——あたしも、と思うとき、このわずか一、二時間が六カ月間の刑務所生活の延長を意味するのだと気がつくのね。仕事先の人たち、家へ送って、いや、家じゃないけど、ここまで送って行ってあげようとかいってくれる。それはだめ。あたしはきまった時間にきまったバスに乗り、きまった場所で乗り換えなければならない。一時間ぐらい遊ぼうよ、規定の時間に帰れるさ、車で送ってあげるんだから、といわれる。だめ。とりわけ、二月に尿の中にマリワナが発見されて、その同じ月に、あたしは仮釈放審議会に出頭したけれど、あと二カ月で仮釈放にしてくれるつもりだったのに、尿検査の結果のおかげで、あと四カ月といい渡されることになったのだもの。

いまいちばん大切なのは、子どもたちと早く一緒になれるように努力することなのだから。子どもたちのことは、もうあたし、十分傷つけてきた……。一本のマリワナのせいで、娘の卒業式に出られないことになってしまった。一緒によろこべないことになってしまった。あたしだけのことならいい、二カ月延びたってやっていける。でも、あたしのしたことで、またしても、娘の生活を台無しにしてしまった。そのこと、とてもつらかった。でも、なんとか、そのことにもよい面を見出したくて、もしかしたら、あたしにはまだ出所の準備ができていなかったのかもしれない、と考えるようにもなったの。だってね、その月に仮釈放審議会に出頭しなければならないことはわかっていて、なお、マリワナを吸わずにいられなかったということは、おかしいものね。時期尚早に出所したら、何かまたやってしまったかもしれない、と。

何よりも、子どもたちのために変わりたいの？

ブレンダ　うん。でも、何よりも自分のために。

どうして、今回はそう考えるようになったのだろう？

ブレンダ　年齢ということがおおいにある。八月に三十四歳になるのよ。わあ、四十歳になったら……、は、は、は……。四十にならないうちに、ちゃんとしたいと思うようになったのは運がよかった。タチーダにいると、若い娘たちが、二十歳ぐらいの娘たちが入ってくる。もう疲れきっている。裏街道の人生は二倍早く歳をとるのよ。シカゴであたしがやっていたこと、いま思うと、あまりにも恐ろしい。とてもできない。あたしは麻薬で気分がすっかり高揚していて、大胆不敵になれた。あたしはなんて勇敢なんだと、われながら感心してね。なんてことない、薬でふらふらだっただけよ。

女性が、裏街道の暮らしをする、というとき、具体的にはどういう生活を指しているの？

ブレンダ　それはね、まるで別世界よ。そこだけに通用するきまりや掟があって、生活の様式も違う。人びとは冷酷で、倫理観なんて全くない。すべてが金、金。その金を獲得するのを邪魔する者は容赦しない。弱肉強食の世界よ……。まあ、かたぎの世界もそんなふうだけれどねえ……。ともかく、金が手っ取り早く手に入る世界。ふつうの暮らしなら一週間かかってようやく手に入れることのできる金額を、一、二時間で手に入れてしまう。働かなくたっていい。

　具体的には何をするの？

ブレンダ　いろいろなレベルがある。店へ行って、ドレスを数枚盗んでくるなんていうのから……、ちゃんと……ちゃんと口を使って、喋ることで騙すという……、銀行へ行って……。それも盗みであることに変わりはないわけだけれどね。喋って、そこにいる者があたしに金を渡してしまうように仕向ける。すべて話術よ、これは。

　高等な技術よね。

ブレンダ　まずね、金を手に入れるためには、すでに金なんか持ってるという様子をしていなければならない。そうでしょうが？　だから、あたしが小切手に贋の署名して金を引き出すときは、その金額を引き出す人物にふさわしいなりをしていなければならないわけ。

　小切手の偽造は、これは特技なわけで、仕事の一種なのだから。は、は、は。どのようにしてやるのか、知識がなくてはできはしない。一つの専門職だものね、あははは。

それに、小切手が現金化される過程について情報を提供できるのは、かたぎの人たちなのよね。

話術。それが基盤よね。どういう内容のことを喋ればいいか？　銀行の窓口へ実際に行く前に、あたしはあらかじめ、出納係がたずねることがらについて熟知していたものね。その小切手の持ち主についてのあらゆる情報を持っていたもの。

たいがいの場合、かたぎの人たちの助けを借りるのよ。小切手の偽造が成功するには、かたぎと裏街道の連中の両者が加担するのよ。

どうやって、他人の小切手を入手するの？　あなたが贋の署名をして現金を引き出すのに使う小切手は？

ブレンダ　それはね……、またもう一つのレベルの盗みであって……、誰かが誰かから盗んでくるわけだけど……。たとえば、街頭のスリ。道を歩いてスリをはたらく。財布をスリ取る。財布の中には身分証明書その他が入っているでしょう……、それを土台にして、新しい身分証明書を偽造する。その仕事を専門にやってる連中がいる。写真家でもあり、グラフィックアーチストでもあるという連中——彼らが身分証明書を作る。あたしはね、銀行に勤務してる男たちや女たちと知り合いだった。彼らに二百ドルぐらいつかませれば、銀行の中での作業の仕組みのすべてを教えてくれた。小切手を現金化してくれといって客がきたら、何を調べ、どこと連絡を取るか……、すべて教えてくれる。

かたぎといっても、あやしいものね。それにかたぎといわれる人たちが詐欺行為をしても、腕利きの弁護士を雇うことで、罪をまぬがれる場合はいくらでもあるのだしね。

ブレンダ　あたしが十年間も刑務所行きにならずにすんでいたのは、その方法によってだった。捕まったことはあったけれど、金があって、腕のよい弁護士を雇うことができたから。法律に精通していて、法の抜け穴を熟知している弁護士を雇ったもの。

で、今回はどうしてそうはいかなかったの？

ブレンダ　ウィスコンシン州で捕まったから。お金を所持していて、適切な連中を知っていたら、弁護士に依頼することができたはずだけれど、あたしはここには弁護士の知り合いがいない。あたしの知り合いのイリノイ州の弁護士は、ここでは仕事させてもらえない。

刑務所で会った女たちの犯罪でおもなものはなんだった？　いちばん多いのは――。

ブレンダ　小切手の偽造。それがいちばんやさしいから。次がなんらかの形の窃盗罪……。

傷害罪は少ないの？

ブレンダ　少ない。あたしはね……かつては、いつも正当化していたものよ、あたしは誰かから強奪してるわけじゃない、力ずくで奪うなんてことはあたしにはできない、とね。あたしはね、いつも、「あいつら、あたしにくれたんだものね」といってね！　あははは。「それに、あたしは誰から盗んでいるんだ？　実際にはその金額を損することさえない者たちからだ。あたしが誰かの小切手帳を手に入れ、小切手を書いて現金化したって、その人物にとっては……、そりゃ不都合ではあるだろう、だって、仕事休んで、盗難届けを出しに行かなければならないとかね。でも、あたしはその人たちのお金を使ってたわけじゃない。銀行は顧客の金を保証しているのだもの。あたしが一万ドルの小切手を切っても、誰の損にもなってやしない」

（長い間。）

ブレンダ　誤解しないでね、あたしのやっていたこと、正しいと思ってるわけじゃない。ただ、やり方にはいろんな方法がある、といってるだけなのだから。何をするかでなく、どのような方法で実行するか、という点をいっているだけなのだから。拳銃を使って、強奪するなんて、全くいやだもの。刑務所に入ってくる者たちの中でも、そういうことして入れられるのはタフを標榜する連中だから。

女たちでも？

ブレンダ　そうよ。

刑務所の中は危険だった？

ブレンダ　そんなことない。

男子刑務所では危険が多いと……。

ブレンダ　それはね、男たちの間では、弱さを少しでも露呈すれば、男でいられなくなる……、つまり性的な暴行を加えられることになるのだから。それが男たちにとってはもっとも恐ろしいことなのよ。だから、強がって見せる。同性愛の犠牲にされてたまるかという。女たちの場合は、そういう恐怖はない。

この二年間の刑務所の体験で、もっとも苦しかったことは何？

ブレンダ　子どもたちから離れていなければならなかったことが、いちばんつらかったと思う。そして、これまでどれほどあたしが子どもたちをおろそかにしてきたか、を認識したことが。いつかかならず、その結果があらわれる。見ろ、おまえは子どもたちを、こんなふうにしてしまったのだ、と。あたしは罪悪感に悩んだ。罪悪感をのりこえなければならなかった。悪かったと思っただけでは、何も変わらないのだから。

子どもたちのことが、そう、いちばんつらかった。誕生日がきても何もしてやれない。あたしがしてやるべきはずのことをしてやれない。それに……、夫には……、べつに女がいる……。そのことは、平気だったけれど、その女があたしの子どもたちまで支配して、あたしの座に坐っていたこと、それはいやだった。その女は、あたしが本来しているべきことをしていた。

あるとき、息子がいったの。娘のほうはこの女を心底から嫌っていたのだけれど、それは女が娘は夫の実の子ではないことを知っていて、息子のほうをえこひいきしていて、息子にはいろいろ買ってやっても、娘には何もやらないとかいうことをしてね。娘はそんなこと、てんで平気よ、と強気にふるまってはいたけれど、心の中では傷ついていた。で、息子があるとき、「かあさんぶってるんだよ」というようなことを、その女についていってね、それはひどく気になった。そのことについて考え考えして、少なくとも、誰かがあたしの息子にやさしくしてくれてることをよろこぶべきだと思うようになった。子どもは、ほんとにやさしくされなければ、やたらにかあさんなんて呼んだりしないものだもの。息子が少なくとも虐待されていないことをよろこぼうと思った。娘だって、虐待されていたわけではないけれど、公平に扱われていたわけでもない……。

夫のところへ戻るつもりはないの？

ブレンダ　（低い声で）ない。

離婚するの？

ブレンダ　そこまでまだ考えてない。二次的なことだもの。思ったことはあるけれど、つきつめて考えてはいない。

あたしの考えを知って、あたしをあやつろうという気になられるのはいやだから、夫にすべてを打ち明けてはいないの。あたしは服役中で、彼は自由の身でいるという有利な立場にある。あたしは出所してから、自分の考えを告げる。

刑に服してからね、彼はいろいろものを送ってきたり、服を買ってくれたりした。クリスマスなんか、衣裳一式新しく買って。絹のドレス二十着とか、アライグマの長いコートとか。それでうまくいくと考えているのね。以前には、いつもそれでうまくいったからよ。あたしの弱味、宝石とかなんとか、あたしの弱味を知っていて……、あたし、そのまま受け取っておいたけどね……あはは。だって、あたしは恵んでもらったとは感じなかったもの、当然受け取る権利があると思った。彼は罪を感じていて、それを償《つぐな》おうとしていた。それに……、あたしだって、そういうやり方をしてきたのだものね、娘にものを買い与えることで償おうと。そんなことじゃ償えない、償えなかった。ときには、はっきりいってやろうかと思うこともあるの。でも、だめ、だめ。あたしは彼がどういう男か知っているから、恐ろしい。どんな策略をめぐらすか、予想がつくもの。

子どもたちのこと考えると、うかつには動けないということ?

ブレンダ　そう。でも、それだけじゃない。彼のところには、まだあたしのものがある。家具とか、宝石類とか、あたしのものが。そういうものだって、彼がほしいというなら、やってしまってもいい。ものなんか、またいつだって、手に入れることができるから。

自分自身は渡せない、ということ?

ブレンダ　そうよ!　あたしは一度たりとも、ひとりでいたことがない。自立した女であったことがない。父親の家にずっといて、その次は男の家へ行った。あたしの夫はひどく抑圧的よ。あたしは自分自身の主人になりたいんだから!　彼ら程度の主人になら、あたしにだってじゅうぶんなれるわ。だって、ごらんなさい、夫はあたしをこんなところへ追い込んでしまったものね!　これ以上まずいことになんて、なりっこないものね。以前はね、生きるには男がいてくれないとだめなんだ、と思ってたものよ。でも、もう、そうは思わない。麻薬はほんとに、あたしの頭をすっかり混乱させていたのね、自分が何を考えていたのかもわからないくらいよ。
まるでね、はっと目を覚ますようなものね。長い年月、眠り続けてきて……、いろんなことが、パーン、パーンと頰を打つ……。

（ブレンダは黙ってしまった。）

夫は麻薬をやらないの？

ブレンダ　マリワナだけ。

あなたが薬で気持を高揚させている状態を彼は好んだ、あなたが大胆になったから、といっていたけれど。

ブレンダ　そう。勇気百倍で仕事に出かけて行ったから。でも、彼だって何もせずにいたわけでもない。彼の仕事は——そうよ、仕事みたいなものよね、毎日ちゃんといろいろやるんだから——あたしが仕事を遂行するのに必要な小道具を手配することだったの。

彼が盗品の小切手を買い取る、あたしは小道具が揃ったところで、身分証明書を作ってもらって、銀行へ出かけた。そうすると、そういう小道具類が自分のものではないことを忘れてしまう。あたしは実際自分はその人物だと確信して出かけたのよ。そこまで感情を盛り上げて出かけた。そしてシーツなんかいちどきに二百ドルくらい買ってね。あたしの金じゃなかったけど……。

いつも薬が効いている状態で仕事に出かけたの？

ブレンダ　そう。逮捕されたときはらりってた。それじゃまずいとわかってはいたのに。機敏じゃなきゃいけないのだから。あたしはたえず体内に何か入ってないといられなかったから、いつもならいくらかは高揚した気分ではあったにしても、ほろ酔い機嫌程度だったのよ。それ以上だと、思考力が鈍ってしまう。ところが、捕まった日、あたしはらりってた、過失をおかした。

（ブレンダは、また黙ってしまう。）

黒人の伝統ということ、考えてみることある？　黒人を支えてきた力はなんだろうかと。

ブレンダ　考える。あたしは母のことを考える。愛情を示したのは母だった。父は〈働き手〉だった。母がすべて……そうかな、そういえば父だって……。でも母が一家をまとめていた。七人の子どもたちが母に群がり、母をとりあっていつも喧嘩になって、一人は首にしがみつき、一人は片脚にしがみつく、という具合でね。母は子を殴るなんてよくないと考えていた。父はといえば、ともかく、平手打ち食わせりゃいいんだ、といいう態度だった。母はいつでも、この子は女の子ですよ、そんなこと、よしてください、と顔を打つなんて、なんということ！　と反対してね。母はときに尻を打つことは必要と考えていたけれど、それは最終手段なのだといって、まず話し合おうとしたものよ。
　あたしと母は友だちだった。どんなことでも話せた。母は息子たちとも、そういうふうだった。息子たちがそういうふうなのは、ざらにあることじゃない。いまでもおぼえてる、弟が十八歳ぐらいのときのことで、このあたり（腰をさして）がどうも具合がわるいよお、といって母のところへ訴えた。ふつうなら、父親のところへ行くものじゃないかと思うのだけれどね。母はいつも食事の準備をして……、時刻になったら、かならず食事の用意ができていて、皆で一緒に揃って食べてね。食前のお祈りして。

おかあさんが黒人の親族の関係の緊密さを継承している、と考えるの？

ブレンダ　そう。ときとして、それがよくないこともある。黒人とスペイン語系の者たちは、いつも……、たとえば母は、いつも「何があっても、何をしても、家へ帰っておいでね。いつだってここはおまえの家だよ」といっていた。それがいけない場合もあるのよ。子どもは、こんなことをしたって、帰るところあるんだからと、承知でよくないことすることもあるから。

それはたしかに安心感を与えてはくれる。いまのあたしはその安心感を持っている。かあさんがいるんだからと。それに娘のことでも気になった。娘には母と一緒にいてもらいたかった。十四歳の娘、月経もはじまって……。でも男親に何ができる？　娘の月経がはじまったとき、夫は彼女を部屋に閉じこめたのよ！　出かけちゃいけないと。さかりのついた犬なんぞを扱うように。どうしていいか、まるで見当もつかなかったのね。「どうしたらいいんだ。困ったぞ。妊娠なんかされちゃたまらない」とね。じつに奇妙だった。全然理解できなかったわ。

刑務所にいると、家族の絆が解けてしまっていて、帰るところをなくしてしまった若い女たちにたくさん会う？

ブレンダ　そうね。でも、あたしが個人的に会ったかぎりでいえば、彼女たちの母親はいつだって待っていてくれる。口にされるのはいつも、かあさんがこうしてくれるだろう、ああしてくれるだろう、ということばで、夫がどうしてくれるだろう、恋人はああしてくれるだろう、なんてのは聞いたこともない。いつだって、かあさん、かあさん。

　　白人の母親の場合も、やはりそう?

ブレンダ　白人の母親たちは冷淡だと思う。近所の手前とか、そんなことばかり心配している。恥をかかせてくれるな、とか。あのね、帰るところのない女たちは、仮釈放になるときまっている日の数日前に、奇妙なことをすることがあるの。出所するのが恐ろしい。ひとりになるのが恐ろしい。勤め先から消えて、一週間外をうろついてここへ帰ってきたりして、タチーダの刑務所に送還されることになるよう、わざとやるのね。あたしは、そういうのわからない。あたしは一日も早く出て行きたい。

牢獄は出たけれど、わたしの中の牢獄をまだ追い出すことができない

ウィルマの物語

ウィルマ・ルシル・アンダーソン。一九四二年にテネシー州ブライトンで生まれたが、七歳のとき、ミルウォーキーに家族と移った。十三人きょうだいの十二番目だった。「わたしたちはすべてを売りはらってね、そしてミルウォーキーへ移ったの。馬や牛やにわとりを売りはらって。貧しかった」

ウィルマに最初に会ったのは、やはりその「女たちの家」の集会でだった。彼女はその日、集会の準備委員たちから要請されてやってきた。ウィルマは「わたしたちが刑務所に行くようなことになるのは、自分がそうなるところに追いこまれるのを許してしまうからだ」といって、若い女たちに話をした。カウンセリングや「アルコール中毒者匿名会」があることについて無知でなかったら、わたしはあのようなことにならずにすんだと思う、と仮釈放のきまっている女たちに話した。

ウィルマは一九六九年、第一級殺人罪で終身刑をいい渡された。情動の激発による殺

人ということが後になって認められて、恩赦で第二級殺人罪になり、刑期は五十年に減刑された。それは上告によって、そうなったのではなかった。上告は棄却されたのだったから。彼女にのこされていた減刑の手段は州知事に嘆願書をおくることだけだった。入獄して三年。担当のソーシャルワーカーは、わずか三年で恩赦を嘆願するなんて愚かしいといった。夫をナイフで刺し殺して服役していた白人の女性が、ウィルマ、嘆願するなら、どういう手続きをしたらいいか、教えてあげるよといった。ふたりは刑務所の図書室でその手続きの方法を調べたのだ。黒人の女性弁護士の援助を受け、彼女自身も嘆願書を書いて、減刑になった。現在は仮釈放中である。

ウィルマはアパートの居間を暗くして暮らしていた。窓際に小さな滝のような装置がおかれていて、水が音をたてて流れていた。一緒に暮らしている男性は、わたしが行くと、「席をはずすよ。ルシルがあんたに話すことは、わたしはもうすべて聞いて知っているけれど、やはり席をはずしたほうがいい」といって、炎天の街路へ出ていった。帰ってくると、「あんたはわたしの話も聞きたければ、いつかおいで。わたしもさまざまな経験をしてきたからね。ルシルのことはわかるんだ」といった。

ウィルマは日曜日の集会で、「きょうはバスに乗って、男でもつくろう」といって出かけ、ひろって帰ってきた男といまは一緒、と話したのだった。ひろって帰ってきたのは、このひと？　とたずねたら、まあ、そうだが、じつは以前からの知り合いではあったと答えた。

ウィルマはゆっくりとは喋らない。ことばで体験を撃つように話す。撃ち止めた瞬間、痛みがからだをつらぬくが、彼女はことばを持続させる、あくまでも。涙がおちる、とめどなく。ことばで自分史を撃ちとり、ウィルマは自らの生を名づける。第二級殺人罪をおかして仮釈放の身である自らに、威厳を回復する、名づけることの力によって。

殺人の罪で幽閉されて、ただひとつ彼女のものであった六人の子どもたちも失った。公判の開始された日、ウィルマの、当時九歳だった長男は「かあさんがもういちどこの世の中に戻ってくるとき、ぼくはもうおとなになってしまっているだろう！」と泣いた。そして、息子のいったとおりになってしまった、とウィルマはいう。彼女の服役中、夫は子どもたちにウィルマをあしざまにいい、子どもたちは母親をすてた。

そのウィルマは彼女の母親の死から、苦渋《くじゅう》の生がはじまったと思う。

「大都会へ出てきて、母はその暮らしをいやがった。南部へ帰りたい、といってね。父はそうはいかぬ、と取り合わなかった。一九五四年、母の病気はさらにわるくなった。もう家にいるより病院で寝ていることのほうが多くなった。ついに一九五五年九月の日曜日、母は、わたしと妹を呼んで、かあさんはもう間もなく死ぬよ、もう、おまえたちの面倒を見ることができなくなるからね、自分でなんでもできるようにならなければだめだよ、といってね。そして間もなく、十日ほど昏睡《こんすい》して、死んでしまった。わたしと妹は肩をならべて歩き、ふたりでとうさんの面倒を見ようね、と話し合った。かあさんは死んでしまった、大きくなったら、ふたりでとうさんの世話をしよう、と。でも、父は母の死後一年あまりで再婚した。わたしが十三のときだった。とうさんは結婚する、といって、わたしと妹を家から追い出した。戸を開けて、さあ出ていけと、追い出した。夜中の二時だった。外は冷たい雨だった。わたしはそのときのことが忘れられない。現在のわたしの情動の苦痛は、その経験のせいだとさえ思う。それほどの衝撃を受けた。わたしは長いこと空ばかり見ていた。皆が、ルシル、かあさんは空へ行ったよ、というから、空ばかり見上げていたっけ。わたしは何も知らない少女で、父はわたしを家から追い出した。わたしと妹はあちこちを頼り、転々として生きていた」

ウィルマ・ルシル・アンダーソンは、十六歳で結婚した。それはほかに道がなかったからだと、彼女は思う。「わたしは住む場所と安全を得るために結婚した。そうだった」。三人目の子どもが生まれるまで、結婚生活はうまくいっていた。けれども、そのころから夫はいろいろな女性と関係を持ち、その現場を目撃したウィルマを、彼はひどく殴りつけた。そのとき砕かれた顎《あご》の骨をつないだ鉄線は、いまでも彼女の口の中だ。一九六二年には流産した。「ある日、腹が圧迫されるので手洗いへいったら、赤んぼうが出てしまった」。一週間後、南部への旅で、「胎盤が出てきた」。

六人目の子が生まれたとき、夫はラッキーと呼ばれていた女と、ウィルマのベッドで寝ていた。酒場にいる夫を探しだして、赤んぼうのミルク代だけでいいからください、といったこともあった。ウィルマはラッキーに、夫のことはどうでもいいから、「わたしと子どものことは構わないでほしい」と頼んだが、ラッキーは機会あるごとに嫌がらせをした。ある夜、バーで会って口論になると、ラッキーは「あんた、殺してやる」といった。とっくみあいの喧嘩になった。

ウィルマは家へ料理庖丁《りょうりぼうちょう》を取りに帰った。とめる女友だちや、姉妹に傷をおわせ、彼女はついにラッキーを刺し殺した。そしてウィルマは十四年を刑務所ですごした。すべてを失って、四十歳になっていた。これからどうするのか、まだわからない。ときどき神経の発作がある。「きょうをまだ生ききってもいないのに、明日のこと考えるのは愚かしいように思えるから、一日ずつひとまず生きてみよう。わたしの中の牢獄を追い出すことができるまでは」

語りおえたウィルマ・ルシル・アンダーソンは疲労している。汗が光っている。「だいじょうぶ」という。そして夏の光の中へ出ていった。

*

わたしはテネシー州のブライトンで、一九四二年三月二十八日に生まれてね。わたしは……十二番目の子どもだった。十三人きょうだいの一家だったけれど、兄たち五人は子どものとき、赤んぼうのときに死んでしまった。わたしは七歳になるまでブライトンで育って、それから、ここ、ミルウォーキーに移住したのよ。一九五二年だった。両親とともにね。はじめはこの町は嫌いだったの。大きな都会はいやだったのよね、母も大都会になじめずにいて。でも父がここへ移りたい、移ろうときめてしまったからには、誰も文句いえなかった。

わたしたちはすべて売りはらって移ってきた。でもほんとは母は田舎のほうが好きだった。馬や牛やにわとりを売りはらって。貧しくてね。ミルウォーキーへ移ったのは、父のたった一人の兄がここにいたから、その近くへ行きたいというのが理由だった。大都会で母は病気になった。南部へ帰りたかったけれど、父はそうはいかない、といってね。一九五四年、母の病状はさらに悪化して、もう家にいるより病院にいることのほうが多くなってしまった。そしてついに、一九五五年九月十日の日曜日——日曜日にはいつも母はごちそうの夕食を作ったものだった。家族が皆「かあさんの家」に集まって夕食を共にすることになっていたから——その日、母はね、わたしと妹を呼んで、かあさんはもう間もなく死ぬからね、おまえたちの面倒見ることもできなくなるよ、自分でなんでもできるようにならなくちゃいけないよ、といってね。予感がしていたらしい。その日、いつものように、家族が集まって夕食をした後のこと、姉のロレインが階下のアパートの住人と口論した、母はそれでひどく具合が悪くなってしまったの。心臓発作ではなかったのだけれど、あまりにも気持をかき乱されて意識を失ってしまったのよね。その日のことで、最後のこととしてわたしが記憶しているのは、兄のウィリの名を母が呼んだこと。母を入院させて、十日ほど昏睡状態でいて、ついに意識をとり戻すことなく……。姉のロレインは自分の責任だと感じてね……。たしかにある意味では、彼女のせいだったから。十日して、わたしと妹が病院へ最後の面会に行く準備をしていたちょうどそのころ、母は死んでしまった。四十五歳だった。

わたしと妹と父がのこされた。母は一九五五年の九月に逝って、父は一九五六年の十一月に再婚したのよ。それまで、わたしと妹は肩を並べて歩き、ふたりでとうさんの世話をしようね、と話し合ったものだった。かあさんは死んでしまったから、わたしたち大きくなったら、とうさんの面倒を見ようねと。でもそういう具合にことは運ばなかった。わたしが十三歳のとき、とうさんはまた結婚するからな、といってね。父はわたしと妹を家から追い出したの。

午前二時のことだった。外は雨で。わたしはそのときのこと、忘れられない。現在のわたしの情動の苦痛は、その経験のせいだとさえ思う。それほどの衝撃を受けてしまった。

日曜日の（「女たちの家」での）話の中でも触れたように、結婚したとき、わたしは処女だった。わたしの母が男たちや人生についていつも教えようとしていたことを、わたしは結婚するまで忘れずにいたのだったから。でも、妹のフロレンスの場合は違う。わたしたちの少女時代の体験がどのような影響をおよぼしているかに気がつかず、十七、十八のときにするようなことを、いまだにやっている。

妹のことはともかくとして、わたしはわたし自身のことを話しますからね。わたしは長いこと、空ばかり見ていた。皆が、ルシル、かあさんは空へ行ったんだよ、といったから、しょっちゅう空を見上げていたっけ。なぜこんなに早く、わたしから母を奪ったのかと、神に問うたの。わたしは何も知らない少女で、父はわたしを家から追い出した。わたしと妹はあちこちの家を転々として。

わたしは学校はとてもいやだった。大嫌いだった。何にも関心が持てなかった。母のこと以外は考えられず、母のことにしか関心がなかったの。学校は大きな空虚で、わたしは机の上に教科書を立てて、眠っていた。学校へ行ってる間はずっと空腹で、ちゃんとした身なりもしていなかった。十四歳になって、職業訓練学校へ行こうかと考えてね。そこで縫製《ほうせい》の技術を習ったの。中学校を中退して、職業訓練学校に入学したのよ。いまのミルウォーキー地区職業短期大学。縫製を習って、自分の服も縫えるようになって、一年して、縫製の免状もらってからやめたの。後にわたしの夫となる男に会ったのはそのころだった。彼はもしわたしが学校を続けたければ、通学に必要な服はおれが買ってやろう、といってね、そこでわたしは、そうか、きちんとした身なりができるなら、それもいいだろうと考えてね。わたしたちは映画に行ったりして、つきあうようになったのよ。でも、わたしは壁の花的少女で、放埒《ほうらつ》じゃなかった。ボーリングしたりしてね。彼はボーリングが大好きだったから。ドライブインへ行ったりもして。服を買ってくれるようにもなった。すると、わたしは妹には何も着るものがないのがかわいそうでしかたない。そこでわたしのを着ていいから、といってね。

彼はいよいよ真剣になってきて、結婚しようという。いや、そうじゃない、おれのところへこい、一緒に暮らそうよ、といったんだわ。わたしは、それはできない、と答えてね。わたしは自分の住む家さえなかったけれど、でも、それはできなかった。彼はそれをあまりよくは思わなかった。わたしが十五歳になるまで待って、また申し込んだ。わたしはまたしても同棲はできない、と答えたの。姉のところにいさせてもらっていたけれど、姉が出て行けというまでは、そこにいるつもりだった。

十六歳になると、彼は結婚してほしいといった。でも、わたしはあまり結婚したくはなかった。わたしは結婚したくなかった。だって、子ども時代にも、少女時代にも、ちゃんとした人生を少しも経験してこなかったのだもの。十六歳……。ねえ、「すてきな十六歳」なんてことばもあるのだから。

けれども、わたしにはほかに道はなかった。姉には自分の家族がいたので、わたしと妹が重荷になってしまった。だから、血液検査受けて結婚しようと決心したの。

ふたりで血液検査を受けに行った。その当時は姉のキャシーのところにいたの。検査の結果は一週間後にわかることになっていた。検査の結果が出て、夫になるはずの男がそれを持ってやってきて、わたしに見せて、「だいじょうぶだな、結婚しよう」といったのだけれど、わたしはその紙きれを引き裂いてしまった。彼はわたしに平手打ちをくわせた。わたしはほんとに結婚したくなかったのよ。彼にはそれが理解できなかった。もう、その当時から彼は暴力をふるっていた。

わたしが結婚したのは、おどかされて怖くてそうしたのね。だって、神も承知のごとく、結婚当時、彼をいとしいとは思っていなかったのだもの。

わたしは住む場所と安全を得るために結婚した。そうだった。

年月が流れて、わたしは彼を愛するようになった。恋して結婚したわけではなかったにしても、わたしのためにしてくれたこと、わたしのためを思ってくれたことに対して、愛を感じるようになっていった。

結婚して、妊娠して……十七歳になるころに。でもわたしはそれまで赤んぼうの世話なんかしたことないのだから、姉たちにいろいろたずねたものよ。生まれたら、どうしたらいい、どうやって育てたらいいのか、って。だって、それまでなんにも教えられていなかったのだもの。何も、全然。こうしろ、ああしろと教えてくれる母親がいなかったのだから。

ついに三月二十五日、わたしの誕生日の三日前に赤んぼうが生まれてね。男の子だった。夫は大よろこびして。彼は十九歳、わたしは十七歳だった。

わたしは病院で産んで、夫は心から大よろこびしてね。ある日、病院へきたのだけれど、子どもは保育器に入っている。彼は保育器のなんたるかを知らなかったので、赤んぼうが鶏小屋に入れられてるぞ！　といってね。で、わたしは、鶏小屋じゃない、あれは保育器というものなんだ、ちゃんとしたわけがあって入っているのだと、説明してやったのよ。彼は毎日訪ねてきたっけ。

結婚生活はとてもうまくいった。三人目の子どもが生まれてくるまでは、とてもうまくいっていた。わたしは毎年子どもを産んでね。最初が五九年、次が六〇年、六一年という具合に。そんなにどんどん。わたしは多産なのだから。

三人目が生まれて、状況が変わりはじめた。夫の外出がふえ、外泊したまま帰らない期間が長くなった。わたしもそういうことが気になるようになった。でも、かつて母に、家庭を持つ女のいるべき場所は家なのだと教えられていたから、外へ遊びに行くことをいいことだとは考えなかった。結婚したら、家の中を切りまわし、子どもの世話をする、そういう考えでいたのだし、それがわたしの望みだったもの。

でも、ある日彼が、「なんだおまえは！　いつも家の中にばかりいて、ちっとは出かけたらどうなんだ！」といってね。わたしは出かけたくなんかない、子どもと一緒にいたい、出かけたきゃ、あんた出かけたらいい、と答えてね。夫は「おまえの妹は外出するじゃないか。いつか一緒に出かけてみたらどうかね」としつこい。そこでついにある週末のこと、じゃあ、ひとつ出かけてみようかと着替えしてね。化粧もせずにね。煙草も吸わなかったし、酒も呑まなかった。全然そういうことしなかったの。

で、《２０４２クラブ》という誰もが行った店へ行った。その夜そこへ行って、わたしはね、ほんとに楽しかった。十九歳だった。人びとが楽しげな様子をしていて、わたし愉快になったの。

それからは出かけるのが好きになってね。週末ごとに出かけるようになった。無理に行かされた結果だったけれど。

その先のことを話す前に、わたしがはじめて夫の浮気の現場を見たときのことを話したい。それはわたしが外出するようになる以前のことだった。ある夜のこと、彼は五丁目とライト通りの角の酒場へ行っていた。わたしはタッパーウェア・パーティに出かけるんで、その酒場に寄って、彼に行き先をいっておこうと思ったの。酒場へ入っていくと、ある女が彼の膝に乗って、彼のグラスから酒を呑んでいた。わたしは何もいわずに、そこを出たの。夫はわたしを追いかけてきて、わたしをひどく殴った。顎の骨が折れて、いまでもそこには針金が入ってる。

わたしは彼をとても愛していた。彼は、警察にいわないなら、もうけっしてこういうことはしないといった。わたしは警察にいわなかった。夫は、こいつは今度警察にいわなかったのだから、次もだいじょうぶだろうと考えて、乱暴をやめない。でもあまりにもひどくなってきたから、なんとかしなければならなかった。妹は「ルシル、なんであの男と離婚しない？　週末ごとに顔にあざを作って。そんな目にあうことないよ」といってね。でもね、わたしの頭の中にあったのは、子どものことだけだった。

前にもいったように、わたしは、困ったことがあったら、福祉局のカウンセラーに相談することができるとか、そのようなことについて全く無知だったのね。そのときはまだ飲酒癖はなかったけれど、「アルコール中毒者匿名会」のことなどについても知らなかった。はじめて酒を呑んだのは二十歳のときだった。それはウィナベーゴー通りにあった《黒と色》という店でね、その夜はひどく酔い、翌日はものすごく気分が悪かった。酒なんてまずいと思った。でもそれであきらめず、幾度も試しているうちに、ついに中毒になってしまったのよ。そして外へ出かけて行っては、すべきではないことをして、子どもを放ったらかしにするようになっていったの。

夫があれこれの女と浮気してるのを見るたびに、わたしの中で何かが崩れ、壊れてしまった。もう、何も知らなかったときのようにはなれなかった。夫の家を出ようときめて、子どもたちを連れて、友だちのところへ行った。もうその友だちは死んで、いない。八三年に死んでしまった。

そこへ行くと、友だちとその夫がわたしたちを迎え入れてくれてね。夫のほうはわたしの子どもの面倒を見てくれて、当時、わたしは四番目の子をみごもっていたのだけれど、彼はわたしの子どもたちを、まるで自分の子のようにかわいがり、面倒見てくれてね。わたしがどこかで眠っているときに、彼は起きだして、食事をさせたり、おむつを替えたりしてくれたのよ。彼自身の子どもたちはすでに大きくなっていて、南部に住んでいたのだけれど。

そのようにして、このふたりはわたしを助けてくれた。わたしは自分の家族には助けてもらうことができなかった。わたしの親族は葬式のときに集まるだけ、それもさっときてさっと帰るというふうで、ばらばらなの。埋葬が終われば、また別れ別れに散っていく。

わたしが夫のもとを去ると、夫はわたしを探し、わたしが身を寄せていたところに電話をかけてきた。電話に出たのはわたしだった。「ルシル、おまえ、いまどこにいるんだ？」といった。彼だとすぐにわかったから、電話を切ってしまったけれど、夫はやはりそこへやってきたの。友だちが戸口へ出て、「ルシルはさっきまでいたけど、もうここにはいないよ」といってね。わたしは押入れに隠れていた。それからしばらくして外出したときに、夫に見つかってしまった。彼はわたしをさんざん殴り、わたしは救急病院へ行った。腕にはナイフの切り傷もあって、それを縫ってもらって、いろいろ検査も受けた。もうそろそろ病院を出ようとしているところへ、また夫が姿を現わしてね。わたしはおびえてしまい、看護婦が警察に連絡した。警官がやってきて、わたしに近づくなと夫にいって、タクシーがきて、わたしが乗り込むまで見張っていた。子どもを連れて、わたしはあちこち転々と歩いたけれど、子どもがいたら、それはまずい。一カ所に住んでいなければ、子どもが混乱してしまう。それでとうとう、わたしは夫のところへ戻っていったの。

しばらくは平穏だったけれど、夫はまた出歩くようになり、さまざまな女と関係を結んだ。夫の叔父がね、夫と女が裸でいるところを撮った写真を見せてくれた。なんと多くの裸体の女たちと夫の写真を見たことか——。彼の叔父は、写真はやれないよ、といってね。写真は離婚の理由になる証拠だったのに、それを手に入れることができない。

そのまましばらくいて、わたしには五人目の子が生まれた。一九六七年、ついに女の子が生まれた。それ以前、一九六二年にも女の子をみごもったけれど、流産してしまったのよ。そのとき医者は流産の危険があるから、足を高くして寝てろといってね。ところがある日、腹の中に圧力を感じて手洗いへ行ったところ、赤んぼうが出てしまった。もう五体できあがった女の子だった。医者に連絡すると、それではその胎児を持って、すぐにきなさい、といわれた。このことがあって、わたしはすっかり落胆して、休暇をとって南部へ行きたいと思ってね。夫も、そうしていい、元気になるまで行ってなさい、と賛成した。医者のところへ戻り、たずねると、旅をしてもだいじょうぶだという答えだったの。ところが六月二十九日、流産から一週間後、車で出発して伯母の家へ着くころに、わたしはまたしても腹の中に圧力がかかるのを感じたのよ。手洗いに行ったら、胎盤が出てきたわ。わたしは死にそうになるほど出血してね、そのまま、また車に乗り、まわれ右して帰ることにしたの。なぜなら南部には、黒人を入れてくれる病院がなかったから。夫はどこかへ行っていて、伯父が、おまえ、これじゃミルウォーキーへ帰るしかない、ここじゃ入れる病院がないのだから、といってね。テネシー州のコヴィントンでだった。伯父はさんざん夫を探しまわり、ついに見つけて、早く帰れ、ここじゃ入れる病院がないから、といってくれた。南部ではね、北部からきた連中に対しては、変な態度をとったものなのよ。

そこで、わたしたちは丸一日もそこに滞在しないうちに、帰途についたの。帰る道すがら、わたしは死がやってくるのを感じていたっけ。わたしは夫に「どうか窓を開けてちょうだい。外の空気が吸いたいから」というと、彼は「おまえ、しばらく運転してみたらいい、少しは気分がよくなるよ」というので、わたしはそうしたの。ハンドルを握り運転してね。イリノイ州のエフィンガムからシカゴまで運転すると、もう耐えられなくなってしまった。もうおしまいだと思った。妹が同道していたのだけれど、彼女はわたしの様子に、すっかりおびえてしまった。ミルウォーキーに近づいて、夫が病院の救急室に電話で連絡して、女房の具合がよくないと伝えると、病院はすっかり準備をととのえて、わたしを待っていてくれた。入院して、点滴してもらって、なんとかもちなおしたけれど、わたしはすっかり気が転倒してしまった。それ以来神経に障害がある。

家に戻ると、またぞろ同じ状態。夫は外で遊び、わたしはまたしてもみごもった。それが娘。その後、二年してラマーが生まれ、そして六七年、末っ子のブライアンが生まれたのだった。

夫はまだ相変わらず遊び歩いている。金曜日に給料をもらい、次の木曜日には無一文になっているから、家にいてむっとしている。ささいなことで癇癪を起こすから、わたしは黙りこくっている。次の金曜日、夫は家に帰ってこなかった。赤んぼうにはのませるミルクもない。わたしは探しに出かけた。それまでしたことのないことだったけれど、その日は探しに出かけた。そして、彼が女と一緒にいるのを見た、わたしが後に殺したその女と。

そのときわたしは、どうか家に帰ってきてください、というようなことはいわず、ただ、赤んぼうのミルク代だけほしいと頼んだ。わたしはもう、うんざりしていたのだから。彼はミルク代をくれた。家へは帰ってこなかった。わたしはミルクを買い、家へ帰った。わたしは泣いた。どうしたらこんな状況から抜け出すことができるかわからずに、泣いた。当時、わたしは末っ子を妊娠していて、ラマーはまだおもにミルクをのんでいた。

末っ子の出産で入院したとき、夫とその女、わたしが殺したその女はインディアナへ行ってしまっていたの。わたしの出産のときに。産気づいたので、姉のイヴに電話して、「イヴ、わたしはもう入院しなくちゃならない」といったけれど、姉は勤め先にいてそこを離れることはできない、どうにもならない、誰かほかに連れてってくれる人はいないか、という。わたしはタクシーをひろい、ひとりで病院へ行ったのよ。

わたしが泣いていると、医師がどうしたのかとたずねたので、「夫はもうわたしを愛してはいないのです」といってね。先生は「心配しなくていいんだよ。わたしがついていてあげるからね」といってくれた。いい医者だった。

男の子が生まれた。

夫と女はインディアナから戻ると、わたしのベッドで一緒に寝ていたの。いまでも夫は、わたしがそのことを知らされていたのに気がついていない。わたしの長男が「かあさん、あの赤毛の女のひとね、あのひと、かあさんの留守中に、かあさんのベッドで寝たんだよ」といった。わたしは、おまえがそのことをわたしに伝えたことを、とうさんにはいうんじゃないよ、と息子にいってね。夫は子どもたちに対しても暴力をふるったから、わたしはそのことを恐れていたの。わたしは今日にいたるまで、ついに息子がそのことをわたしに伝えたことを、夫にはいってない。

わたしは子を産んですぐに外へ出かけて行くような女じゃなかった。子を産んですぐのからだは、赤んぼうくさいでしょうが。わたしは自分のからだについては気を配るのだから。でも、赤んぼうが少し大きくなると、わたしは外へ出るようになった。バーへ遊びに行ったの。夫と女がいつもいるバーへ。わたしは女に、夫に近寄らないでもらいたい、といった。もし夫があんたといたいなら、家へ衣類を取りにきて出て行ったらいい。ともかく、子どもたちにいやな思いをさせてもらいたくない。わたしと子どもをそっとしておいてもらいたい、そういってね。

わたしはわたしを愛してくれるのは、子どもたちだけだと思っていたものね。

女はわたしのいってることが滑稽だと、笑ったの。

バーで会うたびに、いつもそういうことになり、それが長いこと続いた。

五月二十四日、わたしは彼女を殺してしまった。

それは金曜日で、いつものように、わたしは家にいて、掃除をしていた。姉のキャシーとその女がやってきて――姉とその女は仲のよい友だちどうしだった――わたしはその女を家の中に入れてやらないから、彼女は外で待っていた。キャシーが「あんた、何してるの？」という。わたしが「週末にそなえて、掃除してるのよ」と答えると、「一緒に呑みにいこうよ」という。「ラッキーも一緒だからさ」。その女はラッキーと呼ばれていたの。わたしは「キャシー、わたしは行きたくない。掃除してスイート――そう、わたしは夫を呼んでいたから――が帰るのを待つわ」と答えた。「いいじゃないのよ、一緒においでよ」と姉はさかんに誘ってね。

そこで、なぜか、奇怪なことに、わたしはモップを置き、赤んぼうを隣の友だちのエイシーのところへ連れて行って、「エイシー、ちょっと角まで行ってくる。昼食までには帰ってくるから、お願いね」といって預けて、出かけて行ったの。

わたしたちは呑んでね、正午になって、レストランへ行った。ウォルナット通りと二十一丁目の角だった。わたしは魚を注文し、姉も魚を注文し、このラッキーという女も魚を注文した。料理が運ばれてきて、わたしが食べはじめようとしたところへ、女がその手をわたしの皿の上に置いて、「あのさ、あたしはあんたの男とおまんこしてるんだ、あんたの魚だって食べられるよ」といったの。わたしは女を打とうとしかけたけれど、やめた。席を立って外へ出た。知り合いのフランクという男が――彼ももう死んで、いない――「ルシル、おいで。町の東へ行って、一緒に食おう」といってね。すると、その女も車に乗り込んできた。フランクが、「あんたにはきてほしくない。あんたは厄介な女だと聞いてるから、きてほしくない」というと、彼女は罵詈《ばり》雑言《ぞうごん》、わめき立てた。フランクが女を引きずり出すまで、車を降りない。

そして、わたしはそこを去った。心の中で「わたしは一体どうなるんだろう」と問い続けていた。フランクは「ルシル、あんたの黒んぼ《ニガー》は――そういうことばでいったのね――あんたの黒んぼは悪いやつだ。あんたは時間をむだにしてるだけだよ」といった。「そうね、フランク、あんたの意見は正しい」とわたしは答えてね、「でも子どものために我慢している。それだけが大事なんだから」。当時、わたしは二十六歳だった。

フランクはわたしを家まで送ってくれた。わたしの心は満たされていなかった。赤んぼうを迎えに行こうかと思ったけれど、「いや、迎えに行かない」ときめた。「きょうは食事も作らない。きょうは何もしない」と。

そして、また出かけた。ジャッキー・ラヴという女友だちのところへ行ったの。――彼女ももう死んで、いない。わたしたちふたりは呑みはじめ、くすりものんだ。わたしは二十一歳で酒を呑みはじめたとき、同時にくすりもはじめてしまった。いい気分にさせてくれるものならと、なんでものんだ。病院へ行って嘘ついて、痛みがひどいから鎮痛剤くれといってね。わたしはダーヴォン中毒になってしまったの。あの小さな玉をのんでは、ふらふらになっていた。

その日も酒を呑み、くすりをのんで、どんどん酔っていった。夕方になって家へ帰った。赤んぼうの様子を見ようと思って。エイシーが「赤んぼうはだいじょうぶ、心配ないよ」というから、心配しなかった。服を着替え、そう、紺色のセーラードレスに着替えて、また出かけた。

出かけてね、また酒場へ戻ったの。ラッキーがそこにいた。わたしの夫のくるのを待っていたけれど、彼はまだきてはいなかった。姉のキャシーがいた。ラッキーがキャシーを呼ぶから、わたしもそのあとをついていってね。ラッキーはそのバーに住んでるようなものだった――。

キャシーはわたしに、「ジェイムズはどこよ?」とたずねた。わたしは「さあね、知らないね、ラッキーにきいてみてよ」といった。それを聞いたラッキーが怒って、口論になった。わたしはくすりと酒でべろべろだった。彼女がどんなにきつい女か知っていたから、いつもは恐れていた。でも、その夜、わたしは自分に力が満ちあふれているような気分になっていた。酒って、そういう気分にさせるものだもの、世界を征服することだってできる。面倒なことなんか起こるものか、という気分になってしまう。

そんなふうにして、わたしたちはこの酒場の中で喧嘩していた。バーテンダーが、「やるなら、外でやってくれ」といってね。ラッキーは裏口から出て行った。わたしは「あたしがもし暴れたりしたら、警察を呼んだらいい。なだめようとしないで、すぐに警察を呼んだらいい」といってね。姉はわたしを酒場の外へ押し出そうとした。わたしはあがって、姉を殴りつけて、服も引き裂いたの。それでも姉はわたしを外へ連れ出した。

外へ出ると、その女、ラッキーがわたしを待っていた。そしてわたしにとびかかってきた。さんざんやられた。わたしが憶えているのは——そのこと話す前に、ちょっとまたさかのぼるけれど——喧嘩になる前、姉が「ルシル、あんたのドレス短すぎるよ。家へ帰って着替えておいで」といった。わたしはいつだって、姉たちのいうことを素直にきいたでしょうが？　で、わたしは家へ帰り、着替えた——もし、あのとき家へ帰りさえしなかったら、この事件は起こらなかったのに——わたしは家へ帰り、ピンクのスラックスとブラウスに着替えてまた戻ってきた。すべて、その時点からはじまった。

三度、つかみ合いの喧嘩をした。中で一度、外で二度。姉ともう一人の女性が、わたしたちを引き離した。最後にわたしにとびかかったとき、あの女は「牝犬《めすいぬ》め！　殺してやるからね」といった。殺してやる、ということばで、わたしは正気を失った。わたしは……家へ……帰って……。そうよ、あれは計画的な行動だった……州知事に嘆願の手紙を書いたときにも、わたしはそうだといったように……。あなた、帰る前にその手紙の写しを見せるから……。わたしはね、彼女にいったのよ、こういったの、「そうはいかない。あんたに殺されたりはしない」。わたしは家へ走って帰った。一緒にいた友だちのジャッキーも追ってきた。彼女は「ルシル、お願いだから、あそこへ戻らないで。

家にいなきゃいけない」といったのだけれど、わたしをとめることはできなかった。彼女がわたしの手から庖丁を奪うと、わたしはまた台所へ行って、べつの庖丁を取ってきた。そのころには、ジャッキーもひどく傷ついていて、もうわたしを助けるどころじゃなかった。わたしは酒場へ戻った。わたしは朦朧《もうろう》として、転んでは起き上がり、転んでは起き上がりして走り続けたけれど、酒場へ戻るんだという決意は揺るがなかった。あの女は「あんた戻ってきたね、殺してやるから」といった。わたしは「ほら吹いたってだめだ」といってね。そして、わたしはその庖丁で……女を……さ、刺して……。わたしが憶えているのは、そこまで。その先はすべてわたしの家族の者たちがあとになって話したこと。

わたしが庖丁で女を刺すと、彼女は逃げようとした。それは憶えている。その先はもうわからなくなってしまった。わたしが刺したとき、姉は誰かと話をしていたのだけれど、相手の女性が、「あら、あの女、庖丁で刺してる！」と叫んだので、姉がその方角に目をやって、「わあ、大変だ！　ルシルだ！」といったの。姉は駆け寄ってきて、「ルシル！　あんた、何してるの！」といったけれど、わたしはもう彼女の手に負えない。姉は電話して、妹のフロレンスを呼び出した。当時フロレンスは妊娠していたけれど、やってきた。彼女の夫もやってきた。わたしはまだ狂い暴れている。妹にもわたしをなだめることができない。

フロレンスの姿をみとめると、わたしはこんどは彼女に切りつけた。彼女はわたしの妹よ、一緒に大きくなった妹なのよ、そんなことするほど、わたしは正気を失っていた。妊娠してる妹を殺そうとまでしたわけだもの――。

それから――これはあとでわたしの家族たちが話したことよ――それからわたしはまた酒場の中へ戻り、腰をかけた。そして煙草の火で自分の皮膚を焼いた――だから、ほら、まだ腕に黒い痕がのこってるでしょうが？　これはみんな煙草の火の火傷なのよ。こんどは姉のリンが、酒場からわたしを連れ出そうとした。すると、こんどはそのリンにもわたしは襲いかかった。

とうとう警察に連絡がいって、護送車に乗せられた。そのころには、ラッキーの子どもたちもきていた。護送車に乗せられるわたしは「あの女、死んだかな、そうだといい」と姉と妹にむかっていったという。きっと、そういっただろうと、わたしは信じる。法廷でそのことがいわれたときも、わたしは否定しなかった。おそらく、そういうことばを吐いたのだろうと思うし、まるで正気でなかったのだから。

わたしは留置場に入れられた。ジェイムズ・ベッカー、これがわたしを逮捕した警官、いまでもわたしは彼に好感を持っている――彼は職務を果たしていただけだから――彼は「ウィルマ、電話を一本だけかけていいんだよ」といった。そこでわたしが例の酒場に電話すると、なんとも偶然に、姉のリンが電話に出た。

わたしはいった。

「リン、いったい何が起こったの？」

姉の答え。

「あんた、ラッキーは死んだよ」

わたしは受話器を落としてしまった。そこまでで、気を失ってしまった。わたしはそこから二階の独房に運ばれた。

次に記憶に残っているのは、指紋を取られている場面。それからまた二階へ連れて行かれたのだけれど、そのあと房から出たのは、彼女の遺体を見るために死体置場へ連行されたときだった。

なぜ死体置場へ行かされるようなことになったかというと、あとになって、法廷に出たときにわかったことなのだけれど、わたしと彼女の姓が同じアンダーソンなので、警察はわたしたちが血縁だと考え、わたしに死体確認させることにした、という事情だった。

その日、わたしは留置場に泊まった。

土曜日の朝には、判事の前に出なければならなかった。

わたしは血まみれだった。すっかり血にまみれていた。姉に「どうか、着替えの服を持ってきてほしい」と頼んだけれど、警察は着替えることを許可してくれなかった。法廷には、犯行の現場で着ていた服装のまま出なければならない、と。

法廷に出ると、親しい友人二人の姿があった。この二人は金曜日にもきてくれたのだけれど、一人はミッチといい、もう一人はハワードといった。二人はただ、いい友だちで、ボーイフレンドとかそういうんじゃなかった。法廷は満員だった。大勢の人たちで。わたしを知っている人たち、わたしを愛してくれていた人たち、わたしのことを気にかけ、こんなことになるとは夢にも予想していなかった人たち――。法廷に入って、まず目に映ったのはミッチの姿だった。彼がいた。彼は泣いていた。「ルシル、なんてこった。あんたがこんなことになるなんて、どうしたんだ」と。

わたしは泣くまいと歯をくいしばっている。判事はどうするつもりなのだろう？ 罪をおかしたのなんか、生まれてはじめてのことだ。刑務所なんか、一度も入ったことはなかった。

判事はダフィで、保釈金は二万五千ドルときめられた。姉たちは「心配しなくていい。出るために金がいるというなら、どうにかするからね」といった。

わたしは子どもたちのことを心配していた。わたしが彼女を殺したとき、彼女の子どもたちがわたしの家を襲ってね。姉のキャシーが様子を見に行ってくれたのだけれど……わたしが……留置されている間に、友だちだと信じていたジャッキーはわたしの夫と寝ていた。そして、わたしの衣類を盗んでいった。

わたしは八日間、留置場にいた。そして金曜日、保釈で出た。姉や友だちが迎えにきてくれた。わたしの夫は保釈のためにびた一文出さなかった。

わたしは迎えの者たちと家へ帰り、服を着替えようとした。わたしはいつだってきちんとしていたし、服はいろいろ持っていた。ところが洋服箪笥を開けると、中は空っぽだったから、わたしは夫にたずねたの。夫は、一体どうしたことかわからないと答えたけれど、ほんとは知っていた。

「まだこうしてわたしがあんたの顔を見てるなんて、だいたいおかしいんだ」とわたしはいった。

口論になった。

でも、わたしがさらに興奮してしまうことを恐れて、彼は出て行った。荷物をまとめると、出て行った。その日から、わたしたちはついにもう、一つ屋根の下に暮らしたことはない。金曜日に出てきて、服が全部なくなっていたあの日、彼は出て行った。もう耐えられなくて。わたしが泣いているのを、わたしの心の痛むのを見て、もう耐えられず、罪悪感に負けて出て行った。それを気にかけていたというわけじゃない、ただ、罪があると感じていただけ。そして、出て行った。わたしはひとり残された。わたしと子どもたちと。そしてわたしは保釈の身で、その状態は十九カ月続いた。弁護士はわたしが子どもたちと一緒にいられるようにと、たたかった。くる夜もくる夜も、わたしは子どもたちと一緒にいた。

裁判は十二月に予定されていた。だから十一月には、感謝祭のための大ごちそうを作った。それがわたしが子どもたちのために作った最後の晩餐《ばんさん》になってしまった。その日、わたしは晩餐を作り……誰も招《よ》ばず、わたしと子どもたちだけの七人で食べた。そしてわたしは長男にいったの、「いいかい、おまえ、おまえたちはね、この先、自分のことは自分でしなくてはならないよ。なぜなら、かあさんはしばらく留守になるんだから」。

子どもたちにはわけがわからない。長男にもわかっていなかった。わたしが罪をおかしたとき、彼は新聞から記事を切り抜いてポケットにかくした。彼が寝てから、わたしはその切り抜きを取り出して破りすてた。目を覚ますと、彼はその記事を探していたけれど、わたしは「おまえ、あれはおまえには必要ないものだよ」といってね……。わたしは泣いてしまう、こうして思い出して話すだけで、つらくなる……。

さっきもいったように、わたしには十九カ月あった。その時間はすべて子どもたちのために費やした。なぜなら、自分は長いこと不在になるだろうとわかっていたから。わかっていたのだから。

裁判の日が迫っていた。

裁判の日の直前の週末に、姉と妹がお別れの会をしてくれた。皆にもわたしが刑務所行きになるとわかっていたから。パーティはべつに楽しくはなかった。でも肉親に別れを告げるためにしたことだし、そのころ、わたしたちは以前より親しくなっていたこともあったしね。皆はわたしの苦しみがわかり、わたしも彼らを必要としていた。

火曜日、裁判がはじまった。姉のイヴが、「子どもたちを連れて行ったら？」といった。「そうはしない」とわたしは答えた。子どもの行く所じゃない、と。

裁判の期間がどれほどになるかわからなかったから、スーツケースに荷物をつめて、わたしは出かけた。

裁判の第一日目、長男が姿を消した。休廷時間に妹がやってきて、「ルシル、スモーキーが学校からいなくなった、行方がわからないよ」という。わたしは心配になった。ふたたび法廷に出なければならない。わたしは法廷にはひとりで出られるから、だいじょうぶだから、あんた息子を探して、と頼んだ。

息子は夫の姉の家にいたのね。泣きわめき、ひどい状態だった。「かあさんがもういちどこの世の中に戻ってくるころには、ぼくはもうおとなになってしまっているだろう」といって泣いていたという。そして、その通りになってしまった。ひどいことよね……。彼はわたしが出獄するときには、自分はおとなになってしまっているだろうと承知していた。

その夜はおそく家に帰ってね。朝九時に裁判がはじまり、法廷を出たときはもう夜の十時で、わたしはすっかり疲れていた。……わたしがどういうことをしたのか、という話を聞いた一日のあとで……刺し傷が十三カ所あったとか……そういうことを……検視官の供述をくり返しくり返し聞いた……くる日もくる日も聞いていた。

わたしは疲れてはいたけれど、子どもたちといれば、それも気にならない。皆がわたしと一緒に寝た。長男は片時もそばを離れない。寝台の上でも、しがみついている。わたしがわずかでも身じろぎすると、またすがりつく。

裁判二日目。長男はまたしても騒いだの。「学校へはやらないでちょうだい。家にいさせてやってちょうだい」とわたしはフロレンスに頼んだ。

裁判は終わった……金曜日だった……いや、土曜日だった……。保釈ということになった。でもムーディさんという人が第一回目の保釈金を出してくれていたけれど、その金ももう返してほしいといわれていたのよ。

「被告よ、保釈金を五万ドルとする」と裁判長はいった。

そのとき、わたしはもう自分がふつうの社会に帰れないことを悟った。（ルシルはここで息をつまらせた）ムーディさんはお金を返してほしいといっているのだし、わたしのために危険をおかして五万ドル積んでくれることができる者なんかいない。刑務所行きになりかけてる女だ、保釈で出たら逃げるだろう、と皆はいっていた。そんなことは嘘だった。逃げることなんかできない。子どもたちを置いて逃げることなんか。夫の母親でさえ、「あたしなら逃げるね」といっていたけれど。わたしはそんなつもりはなかった。最後までがんばるつもりだった。どういう結果になろうと、正面から立ち向かおう、と思っていた。夫の母はわたしを訪ねてきて、こういった、「早く逃げるんだよ、子どもの世話はあたしがするよ」と。でもわたしはそうはしなかった。

保釈金を積んで自由になる権利をあきらめて……。五万ドル、といわれて……わたしは拘置所に行った。ワーカショーの拘置所だった。その夜わたしは次の土曜日のことを考え続けていた。判決が出ることになっていた土曜日のことを。

そこで顔見知りになっていたある女性に会うと、「どうなると思うかね」とたずねられたけれど、わたしは「考えたくない」と答えてね。彼女も判決では終身刑をいい渡されたひとだった。夫を殺したのね。彼女は聖書をわたしに読んで聞かせようとするのだけれど、わたしのこころは、子どもたちは一体どうなるだろうかと、そのことでいっぱいで、何も聞こえない。

土曜日。起床してシャワーを浴びて、九時の開廷に間に合うように準備していた。九時に出廷して。陪審が第一回目の討議を開始した。彼らは結局わたしに対して、二種の評決を下した。最初の評決は、精神異常を理由として無罪。でも二度目の評決は第一級殺人罪だった。時計を見ていたら、討議のために別室へ行った彼らが出てきたのは、きっかり二十分後だった。

判事は最初の評決は適切でないといって、再討議を命じた。

二度目の討議のために、陪審はまた出て行った。二十一分して戻ってきた彼らは「第一級殺人罪」といった。地方検事は「この女は兇悪な罪をおかしているのだ。第一級殺人罪以下の評決は受け入れられぬ」といっていたのね。

そうなることは、わたしにはわかっていた。

判事がいった、「被告、前へ出なさい」。

わたしはこのようにして、すべてを失った。すべてとは子どもたちのこと。わたしにあったのはそれだけだったのだから。家を持ったこともなかったし。夫はわたしのいとこと再婚したし。ふたりはけっこうな家を持っていて……。わたしもほしいと思っていたもの……、一度も持ったことのない……。

判事席に近づくと、判事は「判決をいい渡すにあたり、被告には何かいいたいことがあるか」といったわ。

わたしは、「ありません、裁判長」と答えた。

「それでは」と判事はいった。「被告にはタチーダ刑務所における終身刑をいい渡す」

それを聞いて、妹は気を失って倒れた。わたしがふり向くと、妹は床に倒れていた。そして、後方に夫が立っている姿が見えた。夫の姿を法廷に見たのは、そのときがはじめてだった。わたしはじっと立っていた。夫は何もいわない。

わたしはどのような感情も露わにしなかった。

「被告は判決を聞いても、表情を変えることも、感情を表わすこともなかった」と新聞などには書かれたけれど、裁判が始まる前の十九カ月のわたしのことを何も知らずに、マスコミは読者が読みたいとひそかに願っていたことを書いたのよ。その十九カ月間に、わたしがどんな地獄をさまよったのか、彼らは知らない。刑務所に入れられなかったら、わたしは精神病院に収容されたか、死んでしまったかのどちらかになっていたと思う。なぜなら、わたしはわたしの身に起きたことに、正気で対応することはできなかったのだもの。百歳まで生きるようなことがあろうとも、わたしはわたしの行動について自慢するようなことはけっしてない。いまのいまも、わたしは悔恨の情にとても苦しんでいるのだもの。

……で、終身刑といわれた。

姉たちは泣いていた。

親族が法廷を去ってから、わたしはワーカショーへ連れ戻された。保安官が引き取りにやってきて、手錠をかけられて。

婦人監督官はいいひとで、あらかじめ拘置所に電話を入れて、「やさしくしてやりなさいよね、終身刑をいい渡されたばかりなのだから」と女の職員たちにいってくれてね。

拘置所に着くと、皆で親切にしてくれて。抱きかかえてくれたり。わたしは泣かず、(そういって、ルシルは泣いている)「こんなことになってしまった。でもなんとかやっていかなくちゃならないんだ」と思ってね。

　老婆がいてね。いいひとだったけれど、麻薬中毒者だった。その彼女が「ウィルマ、寿命あるかぎり刑に服すというのは、もうけっして外へ出ることはないってことだよ」といった。わたしはすっかり動顛《どうてん》してね。おお、なんてことだ！　と。いま二十七歳のわたし……一体どうしたらいい？　で、わたしは……死のうとして……次の日曜日に。警察に連絡がいって、病院に収容されて、傷を縫合されて。静脈を切ったから、そこを縫合して……また拘置所へ連れ戻された。一九六九年十二月十四日のことだった。月曜日にはタチーダへ移されることになっていた。

　当時は終身刑をいい渡されたら、刑務所入りするときには黒のリムジンに乗せられることになっていた。それが最後のドライブ……。ワーカショーを発つ前に、肉親の者たちが電話をくれた。「心配するな。なんとかしてやるから」と、彼らは口を揃えていっていたっけ。

　リムジンに乗りこんでから、わたしはストッキングをぬいだ。からだを楽にしていたかったから。とても疲れていて。子どもたちを失い、すべてを失ってしまった。それはもう、はっきりわかっていた。

　タチーダまでの道は遠い。到着したのは正午だったかしら。門を通り管理事務本部で降ろされると、白髪の女性がわたしを受け取り、わたしに対するオリエンテーションを行うことになった。

わたしは開けた煙草の箱一カートンと現金十五ドルを持っていたのだけれど、彼女はそれを没収してね。煙草を取り上げられて、わたしは冷静さを失った。口の開いた煙草の箱を刑務所に持ち込んではならない、という規則だと説明してくれたけれど、わたしには納得できなかった。

やがて小さな部屋に入れられ、錠がおろされた。窓はひとつもなく、外を眺めることもできない。昼食時なので、臨時にそうするということで、昼食の盆も運ばれてきたけれど、食欲は全くなかった。一時ごろ、看護婦がやってきた。彼女とはその後、長年のつきあいの中で親しい友人になったのだけれど、そのとき彼女は、「これですっかりなんの希望もない、というわけじゃないのよ、ウィルマ」といってね。

わたしはそのことばに対しては黙っていた、ただ、所長にはいつ会えるのだろうか、とたずねた。彼女は三日経ってからだ、と答えたの。

三日間が過ぎて、わたしは所長に会った。彼は机の上に足を乗せ、ぶ厚いファイルを指さして、これが人生の終わりというわけではない、新しい人生の出発点だ、といってね。わたしは「ここで一生を終えなければならないのだろうか」とたずねた。それが最初の質問だった。所長は「道は二つある。ウィスコンシンでは、実際に寿命がつきるまでの服役というのは存在しない。早く出て行けるか、ずっと長くいることになるか、それはあんただいだな」と答えた。それでわたしはわずかばかり安堵《あんど》したの。

いよいよ房に入れられて、服役の心得などを記した小冊子をもらった。部屋には同室者がいることもわかった。同室者がいることはとてもたまらなかった。そこで姉に手紙を書いて、「イヴ、わたしは生涯ここにいることになっている。せめてひとりで静かにしていたい」というと、彼女が所長に手紙で連絡してくれて、「妹は終身服役させられる身となったのですから、ひとりで楽にさせてやってほしい」と頼むと、手紙の着いた三日後に、独房に移してくれた。それで、少し気分もよくなった。姉たちが衣類も運んでくれた。たちまち、わたしは体重が増えはじめた。それは、わたしの精神が不安定になっていたので、ソージンという薬をのんでいたから。ソージンが、どのような薬か知ってるでしょうが？　のむと、ぶくぶく肥え、朝から晩まで眠っているような状態になるの。頭も心もぼんやりとして、何もわからない。わたしは、二五〇ミリグラムずつ、日に三度ものんでいた。ソージン。わたしはふらふらして、もう何がどうなってもいいような気持になっていた。髪もとかさずにいて、一年が経った。刑務所に暮らすことになれるのに、一年かかった。

そんなことになる以前には、祝祭日といえば、わたしは盛装して出かけたものだったのに、刑務所では四十五分間、野外で食事しておしまい――。とても耐えられなくてね。

そこでわたしは最高裁判所に対して上告した。そしてじっと待った。回答がきて、上告は棄却されたことがわかった。でもあきらめはしなかった。

わたしは聖書をたえず読むようになり、信仰について多くのことを考えるようになったの。房が変わるたびに、わたしはその女の姿を見たのよ、どの部屋へ移っても。ソーシャルワーカーに、「また、あの女がきているのよ」と訴えるたびに、部屋を変えてくれたのだけれど、最後には夜間も電燈をつけておいてもよいという許可を、このソーシャルワーカーが取りつけてくれてね。

わたしは祈るようになった。神に、どのようにして祈ったらよいものか教えてほしい、なんといって祈ったらよいのか教えてほしい、と願ってね。姉たちや妹も励ましてくれた。

ある日曜日のことだった――刑務所に入って一年が過ぎ、二年目を迎えたころの、ある日曜日のことだった。わたしはひざまずき、神に、わたしのしたことをどうか許してほしいと懇願した。わたしは泣いて、真心から、わたしのしたことを、どうか許してくださいと乞うた。その夜からあの女の姿を見なくなった、というわけではないけれど、だんだん見る回数は減っていってね。ようやく、わたし自身の心の中に平静が生まれたのだった。そしてまわりの女たちに、心に平静を抱くことがどれほど重要かを説くようになっていったのね。

聖書はくり返しくり返し読んだ。知りつくすようになった。聖書はほんものよ。聖書にしたがって生きれば、まちがいはない。わたしは長いこと刑務所にいて、多くのつらいことを体験した――ほんとにつらいことを――いまでは手も自由に使えなくなってしまったほどに。あまりにも長いこと、ひとりでひどく重いものを持ち上げる作業をしたからなのね。痛くてね。それにソージンをのまされていたのに、芝生を刈る仕事を割り当てられていた。ソージンを使っているときは日光に当たってはいけない、それは常識なのに、芝生を刈る作業をいいつけられた。わたしはふらふらしながら外へ出て、芝刈機のモーターをかけると、もうこらえきれなくて、そのまま芝の上に横になって眠ってしまった。わたしはまる一日そこで眠り続け、夕食の時間がくるまで、誰もわたしがいないことに気がつかなかった。探し出されたときにも、まだ芝刈機のかたわらで眠っていたの。

それで薬の量を減らし、屋内で働くことになった。

入所してから三年目、わたしはソーシャルワーカーにいった、「いろいろ手をつくしてみたけれど、どれもだめだった。州知事に恩赦の嘆願をしてみようと思う」と打ち明けたの。「あんた、ここへ入ってわずか三年じゃないの。恩赦の嘆願なんて、刑務所内での囚人の評価がかたまってから出すものよ」と彼女は答えてね。でもわたしは神を信じる気持があまりにも強かったから、その女にしろ、誰にしろ、わたしの足を引っぱるようなことはさせなかった。

といっても、さて、具体的にどうするか。刑務所には夫を殺して、やはり終身刑になっていたリリアン・ギアハートという白人の五十四歳の女囚がいてね、その彼女が「ウィルマ、恩赦の嘆願をしたいというなら、図書室にある本を教えてあげるよ、一緒においでよ」といってね。わたしたちは時間を約束して、二日がかりで調べたの。わたしの裁判記録を一緒に読んでくれた。四冊にのぼる裁判記録よ。――裁判記録は本人なら百ドルで買える、べつに買いたいとも思わないけれど、百ドル出せば買えるのよ――リリアンは、どのようにして嘆願書を作成したらよいかを教えてくれた。わたしは作成にとりかかった。なぜ恩赦になってもよいと思うのか、それを文章にしようとはじめた。

その作業の途中で、見習い弁護士の女性パット・バンクスと知り合うようになってね――そのころは神がわたしの味方になってくれていたのね――彼女は知事の知り合いの弁護士と友だちだったの。法科大学で同級生だった。そしてこのパット・バンクスが嘆願書を書いてくれた。あとで読んであげよう――。パット・バンクスは犯罪が行われた当時のわたしの精神状態は錯乱していたこと、その点に一切の考慮が払われずに判決が下されたことを根拠にして、恩赦を嘆願することにしたのだった。

(裁判を待つ間、)事件があってから六カ月もしてからなのだけれど、わたしは精神病院へ送られた、ということもあった。兄と姉がわたしを恐れて送ったの。パット・バンクスは前例を引いて、わたしの事件は第二級謀殺《ぼうさつ》罪の判決を受けるべきであっただろうし、そうなっていたならば、わたしはそのときから二年を経て、仮釈放の考慮の対象になる資格ができたはずだったと述べたのね。前例として、第一級殺人罪の評決が第二級殺人罪に減刑された事件を引いて、犯行当時、被告が非常に情動の不安定な状態にあったことが証明されれば、減刑が考慮されるということでね。そして裁判官は陪審に対して、その点を考慮するのを許さなかったことを指摘していた。それと同時に、わたしのいたタチーダ刑務所の女囚の中には、わたしのそれに似た犯罪をおかしたにもかかわらず、ずっと軽い刑で服役している者たちが多くいたことも、例をあげて指摘されていた。殺す目的で拳銃を購入して、二週間後に夫を殺したAは第二級殺人罪の判決を受けていたし、かつて恋人であった男をナイフで刺殺したBも、殺す目的で拳銃を買い、夫の情婦を射殺したCも第二級殺人罪、七年間の同棲生活の後に、酔っていた恋人を射殺したDは故殺罪、恋人を車で轢《ひ》き殺そうと企て、二度目に死なせたEは過失致死罪――。彼女らは第一級殺人罪より軽い罪状で司法取引する機会を与えられ、それを利用したのだった。わたしの場合は、その機会を与えられなかった。だからその時点で、わたしに対しての減刑を考慮することは正当ではないのか。仮釈放審議委員会が適切な基準を維持してわたしの件を討議するかぎり、正義は守られるはずであり、社会に対して害を与えることもないだろう。服役十一年後にはじめて仮釈放審議の対象になりうる、という現在の刑は公正であるとは考えられない。異常な情動の状態においてこの犯罪がおかされたものであるということは、わたしが再度同様の犯罪をおかす危険はほとんどないということを意味するのであるから。以上が弁護士の論点だった。

そして、わたし自身も次のような嘆願書を書いたの――。

わたしはミス・ロレッタ・アンダーソンを刺し、死に至らしめたかどで、第一級殺人罪を申し渡されました。わたしはその事件について説明したいのです。

刺殺事件の起きたおよそ二カ月前、ミス・ロレッタ・アンダーソンは、わたしの夫と関係をもっているとわたしにいいました。わたしは信じたくなかったのですが、わたしが六人目の子どもを分娩するので入院していた期間中に、彼女がわたしの家に寝泊まりしていたことから、長男はその関係の事実を知っていたのです。そのことで彼女に迫ったとき、彼女は否定せず、わたしを嘲笑《あざわら》ったのでした。わたしはひどく傷つきました。どうか、夫と別れてくれと懇願したのですが、全く効果はありません。彼女と別れないのなら家を出てほしいと夫に頼みましたが、それも聞きいれてもらえませんでした。わたしは警察を呼びましたが、警察は何もできないといいました。

ある夜、わたしは夫の母と一緒にバーにいたのですが、ミス・ロレッタ・アンダーソンがそこへやってきて、わたしを殴り倒すぞといったのです。拳銃をつきつけられたこともありました。このようなことがしばらく続いたのでした。わたしは彼女を恐れていたことを認めます。わたしはできるだけ彼女と顔を合わせる機会を避けました。けれども、わたしが近所のバーで呑んでいると、彼女はやってきて嫌がらせをいうのでした。わたしはすっかり神経がまいってしまって、夜も眠れなくなったので、医者に睡眠薬をもらいました。やがて、もう子どもの世話さえできないような状態になってしまいました。

一九六八年五月二十四日の晩、わたしは姉のキャシーとバーへ行きました。つらさを忘れようと酒を呑んで、かなり酔いました。ミス・ロレッタ・アンダーソンがその酒場へ入ってきて、わたしの姉をジュークボックスの所へ呼び、こういったのです。

「ジェイムズはどこよ？」

彼女はふり向いてわたしのいることに気づくと、話題を変えました。彼女は彼女の夫が葬式に行くはずだったのにこなかった、とかいったのです。わたしは姉に彼女の夫はこないだろう、といいますと、ミス・ロレッタ・アンダーソンは、「夫がこなくたっていい。あたしにはジェイムズがいるからね」といったのです。ジェイムズとは、わたしの夫のことです。

バーの店主は喧嘩は外でやってくれ、といいました。彼女は裏口から出て、わた

し と姉は表口から外へ出ました。外へ出たわたしたちはまた喧嘩しました。三度、争ったのです。そして、最後の喧嘩のときだったと思いますが、ミス・ロレッタ・アンダーソンは、「あんた、殺してやる」といったのでした。わたしは立ち上がり、家へ走って帰りました。彼女もその場を去りました。わたしは恐怖を感じていました。わたしは何も考えられなくなっていました。彼女に殺されてしまう、そのことだけが心の中にありました。わたしは酒場から半丁ばかり走ったのですが、何がなんだかわからなくなっていました。

わたしはロレッタ・アンダーソンがわたしの家庭を破壊したことに動揺していました。彼女がわたしの子どもたちのことなど全然考えてみもしないことに、気持をかき乱されていました。わたしは十年余り、家庭を平和に守ろうと努力してきました。よき母でありたい、よき妻でありたいと努力してきました。こうして書いている今も、わたしにはいまだにわたしのものと呼べるものは、何もないのです。

事件のあと、わたしが煙草で自分の皮膚を焼いていた、と人びとはいっています。わたしはなぜあのようなことになってしまったのかわかりません。誰かを傷つけたいと考えたことはなかったのです。ただ、わたしと子どもたちを、そっとしておいてもらいたかった。

その夜のことで記憶していることといえば、自分がさかんに大声でわめいていたことばかりです。わたしはすっかり混乱し、何がなんだかわからなくなっていました。けれども、わたしは第二級殺人罪を申し立てる機会を与えられなかったのです。

わたしの夫とミス・アンダーソンは、わたしがなしとげようとしたことをすべて台無しにしようとしていました。わたしが子どもたちを教会に連れて行こうとすれば、夫は妨害したほどです。離婚するのはよいこととは思えませんでした。子どもたちのことを考えたからです。けれどもわたしはますますみじめになるばかりで、アル中にもなりました。

わたしは夫を許したい。ここへきてから夫には手紙を出して、われわれの結婚生活について話し合おうと提案してきましたが、彼にはその気がないので、わたしはついに離婚の申し立てをしました。

わたしは社会へ復帰し、子どもを立派に育てたいと考え、この嘆願書を記しています。わたしはここへきてから、労役するかたわら学校へも行き、高等学校の卒業免状をもらいました。それによって、きちんとした職につけるようになり、六人の子どもを育てる力をつけたかったからです。社会復帰したいわけは、子どもの世話をしたい、それだけなのです。

おおかたそういうようなことを書いて、嘆願書を出してね。

……返事をじっと待っていた。ソーシャルワーカーは、絶対むりだといい続けていたの。ある日労役から戻ってきたら、監督官が「ウィルマ、知事から手紙がきているよ」という。わたしは模範囚と認められて、鍵のかかる部屋をもらっていたので、扉の鍵を開け、部屋へ入ると、知事からの手紙があり、手紙には黄金色のシールがついていた。

わたしの嘆願は聞き入れられ、わたしは減刑になり、終身刑から五十年の懲役と変わって、仮釈放審議の対象になることができたのだった。一九七三年のことだった。そして一九八三年、とうとう仮釈放になった。刑務所にいたのは十四年間。

出てきはしたけれど、子どもたちは失ってしまった。夫がわたしのことを悪くいい、子どもたちはそれを信じるようになってしまったから。会ってもくれないし、誕生日や母の日にカードを送ってくれるようなこともない。

いまはまだ、その日その日をどうにか生きればいいと思って毎日を送っているのよ。きょうをまだ生ききってもいないのに、明日のことを考えるのは愚かしいと思えるのだもの。

わたしはなんとか人の助けになりたい。だから女子刑務所の集会にも行って、仮釈放になる直前の女たちに話もするの。刑務所行きになるのは、そういう結果になることを自分で許してしまうからだといってやる。問題や苦しいことがあったら、外へ助けを求めなくちゃいけない。わたしは「アルコール中毒者匿名会」のことも、福祉局のカウンセラーなどについても全く無知で、とうとう自分を窮地に追い込み、あんなことをしてしまった。刑務所は出ても、罪の事実と苦しみは墓場までついてくるだろうと思う。そんなことになる前に、助けを求めることはできるはずだったのに、手遅れになってしまった——。

それにね、牢獄を出てもね、それだけですぐに社会復帰がすんなりできるというわけにはいかないのよ。自分の内なる牢獄を追い出すまでは、復帰が完了したことにはならないのだものね。

＊

「女たちの家」の臨床心理医であるフロリダ生まれのジュリエット・マーティンは、つぎのように話して、集会を閉じた。

「わたしがまだ子どもだったころ、フロリダの家の前であそんでいると、ふとった女たちが通っていったものだった。えびの漁場で働く女たち。よごれて、ひどい臭いをさせて、それでも笑いさざめきながら家路をたどる女たち。きまって笑っていた女たち。ある日のこと、わたしの耳にこんなことばが聞こえた。あんた、ブルースなんていってもさ、ただの唄じゃないか。あんた、ブルースなんていってもさ、ただの唄じゃないか。

そのことばがずっとわたしの耳に残っていた。

そうだと思う。ブルースなんてただの唄。かわいそうなあたし、みじめなあたし。いつまで、そう歌っていたら、気がすむ？　こんな目にあわされたあたし、おいてきぼりのあたし。ちがう。わたしたちはわたしたち自身のもので、ちがう唄だってうたえる。ちがう唄うたって、よみがえる」

女たちは、あんた、ブルースなんていってもさ、ただの唄じゃないか、ということばが気にいって、ふたたび立ち上がり、拍手した。

※ウィルマの話のなかで、語られる出来事が起こった年と年齢が一致しない箇所がいくつかあるが、現在では確認が難しいため、そのままとした（筑摩書房編集部）。

エピローグ

そして、わたしを谷へ行かしめよ

ある黒人女性の百年の生

録音したテープを聴きながらおこしたタイプのページを眺めていると、またアニー・アレグザンダーさんの声が聞こえてくるのだ。もう、あれから四年近くになる。小さいときから、声が大きいぞ、アニー、おまえは声が大きい、そんな大声で話すもんじゃない、といわれてきましたよ。いま、耳が遠くなってしまって、また声が大きくなっているかもしれませんね。そういいながら、澄んだ声で語って、ある瞬間は、突然うとうとしたり、ということもあった。

突然うとうとしてしまう、というのも当然のことだった。それは、南部では死者も出るほどのひどい暑さの続いた一九八〇年の夏の一夜で、八時からはじまったわたしたちの会話は、最初の予定よりも長く続いていた。そして、アニー・アレグザンダーさんは百四歳だった。

陽の落ちるのがおそい七月の夕暮れ時からの残光はいつまでも部屋の中にとどまるかと思われたが、それは突如消えて、暗さが訪れ、ひとたび暗さがやってくると、それはあっという間に深さを増した。

誰も彼も、暗さの中に沈んでしまうように感じられた。アニーさんも、同席した看護婦のフィリスもわたしも。スタンドが二つあって、明かりがともされたが、電燈の光は暗さの海に浮かぶ小島のようで、世界全体はそのときやはり黒ずんでいた。

いまも、わたしは薄闇をすかすようにして、向かい側のアニーさんの姿を見据えようとしているかのようだ。眼鏡のガラスが鈍い光を放つこともある。彼女はドレスを着て、模造真珠の長いネックレスをつけている。ドレスは長い歳月を経てきたもののように見える。縮みのような生地で、茶の地にこまかなプリント模様がある。いや、そうであったように思えるのだ――。わたしを迎えるために彼女が盛装してくれたことを、わたしは知っていた。自分の服装は記憶していない。アニーさんがドレスに着替えていたことにふさわしい身なりをしていたように、と願うのだが。

幾人もの黒人女性を介して、アニーさんに会うことができた。たいへんに高齢の女性がいるが、と誰かが誰かにいってくれて、その誰かがまた、わたしがそのとき泊めてもらっていたスペルマン大学の学長の夫人に提案したのだった。学長夫人の名はイザベル・ステュワートといったが、イザベルがアニーさんに関する情報を逆にたぐりなおして、会う手筈《てはず》をととのえてくれた。イザベルが車で送ってくれた、坂の上にあったアニーさんの家まで。

それは大きくはないが、ひどく小さいともいえない二階建ての家で、一階と二階がそれぞれ独立した住居になっていた。アニーさんは二階のほうを人に貸して、自分は下の住居に暮らしていた。二階の家賃が生活費だった。居間と台所と浴室と寝室と食堂があったと思う。けれども、食堂の場所が思い出せない。そればかりでなく、間取り全体がはっきり思い出せないのは、どうしたことだろう。夢に現われる部屋は、いつも全体に明るいことはなくて、できごとの生起している空間だけがぼうっと浮かび上がっているものだが、ちょうどそれと同じように、アニーさんに会ったときの家の中の光景には、隅々を照らす明かりはなくて、記憶の中の像はそろってぼうっと薄い光の中に浮かんでいる。

そのことに二重の、象徴的な意味があるわけでもない。ただ、そこは電燈の明かりのあまりない家だっただけなのだ。わたしが暮れなずむ時間から十二時ごろまで長居した、ということにすぎない。もうすっかり視力を失くしていたアニーさんは、電燈の明かりにたよらずに、身のまわりのことを全部自分でしながら、ひとり暮らしをしていた。

こういう日本人が黒人の女性の話を聞き歩いているが、話してみる気はあるか、とたずねられたとき、アニーさんは、神がこれほど長生きさせてくれたのは、いつかわたしの話を聞きにくる者があることを知っていらしたからですね、と答えた、ということだった。でも、困りましたよ、と彼女はいった。わたしは日本語はひとことも喋れません、どうしましょう?

日本人がアメリカの黒人の状況に興味を持つんですか? という問いには、それまで幾度か出あったが、そのようなことは問わず、問わぬばかりか、わたしは日本語ができない、困りました、という反応ははじめてだった。だから、わたしはアニーさんに会うのをとても楽しみにしていた。

フィリスという看護婦の女性がアニーさんの家にきているから、いろいろ助けてくれるだろう、ということだった。アニーさんの世話や、アニーさんに疲労の色が見えたら会話を中断したほうがいいと判断することもできる。フィリスは病院で、夜の十一時から朝の七時まで勤務していたが、その日は病院の仕事のほうは休みだった。ふつうは病院の仕事を終えたその足でアニーさんの家へやってくる。アニーさんの世話については、どうもボランティアとしてやっているようだった。フィラデルフィア出身の黒人の女性で三十五歳だったが、いまはラビについてユダヤ主義の勉強中よ、といった。朝、病院の帰りに、アニーさんの家によって、あれこれ面倒を見てから、ラビのところへ行く、といった。じゃあ、あなたはいつ眠るの？　そうね、適当に眠るのよ——。フィリスは元気いっぱいのひとで、しじゅう大声で笑ったが、アニーさんの話を聞く機会に同席できるのはうれしい、あたしもいろいろ知りたいからね、といった。

一九八二年の夏、東京からイリノイの自宅へもどって、留守中に届いた郵便物の中に、ヘンリエッタ・ランディという知らないひとからの手紙があるのを発見した。

わたしはアニー・アレグザンダーの従妹です。彼女の葬儀のプログラムを同封します。彼女は（生きていたら）あなたからの便りとあなたの著書を受け取って、きっとてもよろこんだことでしょうに。お望みなら、ご本は返送いたしますよ。

ご健闘を祈りつつ。

ヘンリエッタ・ランディ

葬儀の際に印刷された式次第の日付は一九八二年六月二十六日になっていた。亡くなったとき、アニーさんは百六歳だった。式次第の表紙に印刷された写真の彼女は、わたしが会ったアニーさんよりずっと太っている。わたしが会ったアニーさんはやせて細かった。

アニーさんの死去の報せ《しら》に、わたしはそれほど驚きはしなかったが、こころから残念ではあった。もっと長く生きることができたらよかったのに、と思った。お送りした本は、お邪魔でなかったら、どうぞそのままにしておいてください、とわたしはヘンリエッタさんに返事を書いた。そのようにさせてもらいますと返信がとどいて、またアトランタをおとずれることがあったなら、どうぞ寄ってくださいと付け加えてもあった。いつ行けるか見当もつかないが、ふたたびアトランタへ向かう機会があったら訪ねてみよう。アニーさんの住んでいた家も、もう一度見に行こう。ここはね、ファウンドリー通りとウォルナット通りの角だから、それだけ覚えておくこと、道路工事やいろいろ掘り返しているから、こんどきたら、大分様子が変わってしまっているかもしれない、ファウンドリーとウォルナットの角と、しっかり覚えておきなさいよ、とフィリスが大きな声でいっていた。そのフィリスとわたしに、アニーさんが話してくれたのは、次のようなことがらだった。

＊

このくらいの声で聞こえますか。お生まれになったときのことから話してくださいますか。何年でしたか。

アニー　一八七六年でしたよ。

どこでですか。

アニー　ジョージア州アトランタで。フルトン郡ですよ。

所番地もご記憶ですか。いまはそこに何が建っていますか。

アニー　建っているって、どこに？

お生まれになった場所に。

アニー　いいえ、わかりません。町のどのあたりかしかわからないですよ。北アトランタでしたよ。

ご家族のこと、話してくださいますか。

アニー　わたしは四人きょうだいの一番上で、父と母はごくふつうの人たちでした。当時は奴隷制が廃止されてからまだ長くは経っておらず、何もかもが貧しいのでした。全然うまくいっていないのでした。奴隷であった人びとは、自由の身になってからほどなくのことでしたから、住まいとか、そういうものをまだ手に入れることもできないでいたのでした。だから生活は苦しかったのです。父は強いひとでなかったので死んでしまいました、わたしが五歳くらいのときでした。そこで祖母が二人の子どもを引き取り、母はあとの二人を手元に置きました。皆働いて……わずかばかりの収入でしたが、それで生計を立てていたのです。学校とかそういうものもなくて、何もない暮らしでしたが、力のかぎり生きたのです。やがて、ようやくのことで落ち着いてきて、人びとは教会などを組織しはじめました。そういうふうにして、ボストンやニューハンプシャーなどから、北部の人たちがやってくるまでもちこたえたのですよ。北部の人たちは、住居も何もなく、ただ放り出された奴隷のことを気の毒に思ったのですね。南部の白人は、何も与えずに、ただ放り出したのですから。白人は、彼ら自身、南部にあったものはもうすっかり使い果たしていたので、黒人に与えるものなんかなかった。戦争で、南部にはもう何も残っていなかった。ようやく、状況が少しよくなってきました。北部の人たちが奴隷にいろいろものをくれたのですよ。自由の身になった奴隷たちを助けたのです。わたしの母は十二歳になるまで奴隷の身分でした。十二歳のときに自由になったのです。祖父や祖母はほんものの奴隷だったわけですよ。ね、このように、当初はつらいことばかりでした。

　　父上が自由の身になられたのは、おいくつのときだったでしょうか。

アニー　三十歳ぐらいだったでしょう。そのくらいと思いますよ。父と母は若く結婚したと思いますよ。苦しい生活でした。

フルトン郡へ移られる前、ご両親はどこで働いておられたのでしょう。

アニー　働く場なんかなくて……だいたい農夫だったのですから……棉作の土地で。おおかたは畑で働いていましたよ……。どこで働いていたか、とはどういう意味？

農園《プランテーション》で働いておられましたか？

アニー　そう、そうですよ。いろんな所で。いろいろな所を転々として。

どこの農園からこられたかはご存じありませんか。

アニー　いいえ、いいえ。知りません。

どこからかこられて、アトランタに住まわれるようになった……。

アニー　そう、そうですよ。

ご両親は奴隷制が合法であった時代のことについて話されましたか。

アニー　そうですね、話すこともありましたよ。でも、話の内容は、奴隷の時代には秘密にされていたことがらでしたよ。秘密の集会を持ったこととか……そう、祈禱《きとう》集会も秘密でやったと。昔は、祈ることは大切だと考えられていましたからね……。ひどく苦しい困難な人生でした……一番高い値をつける者に売り渡されたりして。わたしはそういう体験はしませんでした。わたしが生まれたのは、もう解放宣言があった後でしたから。黒人の教育ということも考えられていました。奴隷制の時代には教育施設など全くなくて、教えられたことといったら、働くことだけでした。彼らが知っていたのは、そのことだけでした、働くことだけ。教師もおらず、学校もなかったのですよ。でも、わたしが生まれたときは奴隷制度は廃止されていて、廃止されてから十年以上たってました。その間、北部からやってきて学校をはじめた人びとに助けられて、やってきたのです。

奴隷制の時代はほんとにひどかった、と人びとはいってました。人間らしい扱いも受けず、ただもう必死に生きたのです。黒人の暮らしは苦しかった。アフリカからやってきたのですものね。何も知らず、何も教えてもらえなかった。奴隷制が廃止されて、ようやく教育するようになったけれど、それでも学校はひどいものでしたよ。だから、黒人は将来に対して大きな期待を抱くことはできなくてね。わたしの祖母は学校へ行きました。スペルマンです。当時は大学ではなかった。ボストンかどこかからやってきた二人の婦人がはじめた学校でしたが、そこで祖母は文字を読むことを習い、聖書を読むことを習ったのです。

おかあさんではなく、おばあさんが学校へ行かれたのですね?

アニー　父が死んだとき、わたしは祖母の所へ身を寄せることになりました。母とは一緒に暮らさなかったのです。わたしは長女で、妹と祖母の所へ行き、母は下の二人を手元に置きました。二人はまだ小さかったから。末の子は生後六カ月ぐらいだったでしょう。まだ赤んぼうで。わたしは五歳か六歳でした。

スペルマンへ行かれたとき、おばあさんはおいくつでしたか。

アニー　奴隷制が、いえ、解放が宣言された当時、祖母は六十歳か七十歳だったのですから、ずいぶん苦労したのでしょうね。でも、(学校をはじめた)人びとが何を目ざしているのかを理解すると彼女はよろこび、学校へ通ったのです。そして、聖書が読めるようになりました。

それは女子聖書学校というような名で呼ばれていたのではありませんか。

アニー　そうでした。女子聖書学校でした。その二人の婦人はキリスト教の聖職者でした。南の地の飢饉《ききん》のことなどを聞きおよび、宣教師としてやってきました。やってきて助けたのです。年寄りの行く小さな学校をはじめました。そして年寄りたちが若い者たちを誘い入れたのです。それがスペルマンのおこりです。祖母は最初に入学した人びとの一人で、わたしが文字が読めるようになることを切望していました。わたしは読めるようになりました。何もかも読みました。聖書や、何もかも。祖母はわたしがその人たちによって教育されることを心から願っていたのです。

こんなことは、ほんの一端です。教育を受けられるようにするための人びとの努力の一端ですよ。ほかの連中もやってきて、学校を作りました。宣教師が送りこまれてきたのです。そして、学校はどんどん盛んになりました。黒人はそのことをよろこびました。黒人にはなんの特権もなかったのですよ。奴隷として使われて、その後自由の身になってすら、仕事といえば、農園《プランテーション》のそれだけでした。それと、たしか、汽車のポーターという仕事もありましたっけ。畑の仕事につけない男たちは、鉄道で働くこともあった。

そうやって暮らしをたててましたが、とても貧乏でした。でも、なんとか……やっていたのです。

祖母はがんばるひとでした。そしてわたしにも、できるだけの教育を受けさせようとして。死ぬまで、そうしました。祖母が死んで、いうまでもなく、わたしは独力で生きなければならないことになりました。妹と弟の面倒も見ました。働きながら、スペルマンへ行きました。スペルマンへ行き、学び、働きました。

おばあさんが亡くなられたとき、あなたはおいくつでした？

アニー　二十五ぐらいでしたでしょう。まだ若かったのですよね。しばらく働き、しばらく勉強する、という制度があったのです。

どういう仕事をされましたか。

アニー　台所で皿を洗う手伝いをしたり、鍋の汚れをこすり落としたりしてね。スペルマンでそういう台所仕事をしていたから、授業料が払えたのです。だって、わたしは文《もん》無《な》しでしたから。そのようにして勉強したことはためになりました。聖書を読み、学んで。わたしは聖書について教えてくれ、仕事のしかたや裁縫なんかをあれこれ教えてくれる学校にいたのですものね。スペルマンなどの学校は黒人の教育におおいに貢献したのです。

おばあさんが生きておられる間も働かれましたか。

アニー　働くようになったのはおもに、祖母が死んだあとです。自分の生計を立て、妹などを助けるためでした。よその家へ行って、子守りをしました。洗濯屋とかはなかったので、洗濯物を預かって、自分のところで洗う仕事もありました。お金の入ることなら、なんでもしました。でもね、五セントでパンが一斤《いっきん》買えたのですから、大金はいらなかった。（笑って）働きさえすればよかった。

フィリス　五セント受け取るためには、どのくらい働かなければならなかったの？

アニー　（笑って）くれる分だけ受け取ったのですよ。それ以外には……。

フィリス　大籠《おおかご》にいっぱいの洗濯物を洗って、やっと五セントでしたか。

アニー　ああ、あなたは洗濯物のことをいっているのですね。衣類をまとめて束にしてね、一束二十五セントとか、五十セントとか請求してましたよ。払ってくれるだけもらったんですよ。

スペルマンに通われはじめたのはおいくつのときでしたか。

アニー　十八か十九のときでしたよ。スペルマンをやめてからは、働くだけでした。よその家で。祖父が死ぬまでは、援助してほしいと頼み続けたのですが。もちろんね、お金をくれというのではなく、家に置いてほしい、できるだけ働くからと。そうしたら、昼間スペルマンへ行けたのですから。

わたしは料理人として働きました。子守りとして働きました。いわれれば、なんでもしました。そうやって当時は暮らしたのでした。かなり苦しい生活でしたが、北の人びとがたてた学校は南部が今日の南部になるのを助けたのでした。働きたいと思う黒人にには仕事の技術を教えたのです。白人種はすべてを管理していました。すべてを掌握してました。自由が宣言されたとき、黒人には何もありませんでした。黒人は「出て行ってよろしいが、わたしらにはおまえたちにやるものは何もない」といわれたのでした。そしてね、肩に荷を担いだり、棒に荷をつけたりして行く黒人の群が何マイルも何マイルも続いたというのですよ。生活できる、どこかよその土地へ向かうのに持って行けたのは、それだけでした。でも、教育者たちがやってきて、時代は明るくなったようでした。それが今日の南部を培ったと、わたしは考えるのです。それが貢献したと……。

フィリス　スペルマンの教師の家などで働いたの？

アニー　そうでもなかった。仕事をくれるといえば、誰の家でも働いたのですから。

フィリス　旅に出る一家について旅行するようになったというのは、いつのことでした？　ウェア一家とか？

アニー　祖母たちが死んでしまってからでしたよ。やめて間もなく……そう、アトランタ大学でも働いたし、スペルマンでも働いたし……。わたしはあらゆる所で働きましたよ。

フィリス　一緒に旅をした一家は誰でしたっけ？

アニー　アトランタ大学の学長で、ウェア博士。小さな男の子が二人いて、夏の休暇で出かけるときは、保母としてついて行ったんですよ。そうやって、わたしは暮らしを立てていたのですから。スペルマンでいろいろな仕事のしかたを習った、つまり生計を立てる方法をね。なぜならわたしは自活していたのですから。それ以来ずっと、わたしは働き続けてきました。

フィリス　ご主人のこと、話してあげれば。

アニー　そう、夫は結婚して……結婚したとき、わたしは伯母と暮らしてましたよ。娘に死なれて、誰も伯母の世話をする者がなかったので、わたしが面倒を見てました。ホワイトホール通りにあったある家庭で料理人をしていて、なんとかやっていたのですよ。一体どうやっていたのかと、いまとなれば、自分でも不思議なほどですけれど。神の恵みは深く、それにわたしはわりと教育を受けていましたから。もちろん、学校は卒業できませんでしたが。働けばうまくいったし、だから卒業しなかった。夫と結婚して、ここへ引越しました。その後もパートタイムで働いたのですが、それはわたしの意思でそうしたのです。自分の家族の面倒を見るためにね。働かないわけにはいかなかった。でも夫はとてもいいひとでした、とてもよい夫でした。そのことを神に感謝してます。

フィリス　この家はご主人の持ち家だったのでしょう？　あなたの夫になったひとは、町のあちら側に住んでいたあなたと伯母さんを、こちらへ引き取ったのでしょう？　ご主人の両親はかつて奴隷だったのかしら？

アニー　そうでしょう。

フィリス　この家のね、裏庭には以前家畜小屋があったのでしょう？

アニー　そう、そう。

フィリス　ご主人は荷馬車屋《ドレイマン》だったの。荷車とそれを牽《ひ》く動物を持っていたの。たいていは馬だった。馬を持っていたんですよね。何頭いました？

アニー　たったの一頭きりでしたよ。夫はわたしと伯母と彼女の姪を引き取ってくれて、ほんとにやさしいひとでした。わたしたちはここに住むようになったけれど、ここ、この階下はね、わたしが移ってきたときにはなかった。生活はうまくいって……。夫とは八年ぐらい一緒に暮らしたのだったかしら。それから、死んで。そのとき、階下に部屋をつくろうと考えてね。それからずっと階下に住んできました。

フィリス　結婚したときはいくつでしたっけ?

アニー　三十代でしたよ。夫は三歳ぐらい年上でした。この歳になるまで、困難な人生でしたよ。いまではこうして自分の家に住み、住居のことも心配しないでもいい。ありがたいことです。北部からやってきた学校はね、黒人が新たに得た自由を使えるように準備してくれたのだと思いますね。それ以前には、自由は一切なかったのですから。職を得る方法を教えたのです。ワシントンも……ブッカー・T・ワシントンも……そう、助けましたよ。

フィリス　アニーさんは百二歳のときに、浴槽の中で転んで、あばら骨を折ってしまったの。復活祭の朝のことで、彼女は教会へ行く計画を変えなかった。照っても降っても行くひとだから。でも、痛みがあまりにもひどくなったので、病院へ行った。三、四週間の入院の後に、彼女は独り住まいをあきらめて、やはりそろそろ養老院へ行くべきときがきたのかもしれないと考えたのね。そして養老院へ入ったの。四、五週間、そこにいたかしら。

アニーさんには自分の子どもはなかった。養女が一人いたというのだけれど、その女性は結婚してふたり子どもができた。養女のようにしていたのは、伯母さんの子どもだったそうよ。その女性は六十歳で、アニーさんより先に亡くなった。晩年は一緒に暮らそうと話し合っていたのに。

養老院では、彼女はひとりの暮らしに戻るべきかもしれない、という話が起こった……養老院にいて、どんどん衰えはじめたから。家へ帰してみよう、ということになってね。そのときよ、わたしがアニーさんに紹介されたのは。

何もかも自分でするの。わたしは時間のあるときにきて、高い所にあるものをおろしてあげたり、ドレスのジッパーを上げてあげたり、診療所へ連れて行ってあげたり、電話に出てあげたりする。彼女は食事も作るし、ほんとにひとりでやっていけるのよ。元気で活発。

《シックス・フラグ》という遊園地があるのだけれど、彼女は百歳を超えているから、無料なのよ。で、彼女は、いいですか、わたしは《シックス・フラグ》にただで入れるんですからね、わたしと一緒に行きたいひとは、遠慮なしにそういってくださいよ、というわけよね。年寄りは人混みはいやがるものだけれど、彼女は元気いっぱい、出かけて行くの。きょうも医者へ行ったけれど、何も問題ありませんよ、といわれた。

アニー　どういうことばでいったらいいのか、わからないけれど、わたしはずっと一生、ただ、働き通しできましてね、だから、労働の報いがあったのだ、というふうに考えるのですよ。あなたの知りたいこと、教えてあげるにはあまりにも無力で……。もっと力があったらと思うのですよ。視力も衰え、聴力も衰えて……よく聴こえないし、それに思考力も衰えてしまったので、あなたの期待にそえるかしらと……。

最も困難でつらかったことはなんでしょう?

アニー　それにはどう答えたらよいかも、わかりません。つらいことがあまりにも多かったから。親を失くしたことやら、夫を失くしたことやら。とてもつらかったのです。でも、しかたがない。何もかもうつくしく、というわけにはいかないのですものね。雨や曇りの日もある。そして陽の照る日もあるのです。ふつうの人びとよりひどい目にあってきたとは思いません。ごくふつうの生と死でした。愛する者たちを失うことはとてもつらい。でも、避けられない。陽の光と雨、人間には二つながら必要なのですから。

しあわせを神に感謝しています。ふつうの人びとより苦しい人生というわけではなかった。

毎日生きて、どうにかやっていく、そのことだけですばらしい。生きていて、くよくよしない、それはすばらしい。

わたしは……以前には……頭によい考えも浮かんだものでした。でも、もう上手にものを考えることができなくなってしまったから、人生をそのままそおっとしておくのですよ。くよくよ心配しないで、その日その日を送りたい。

わたしは黒人民族に起きたすばらしいことをありがたいと思う。黒人民族は機会も持たない者でした。ほかの民族と同じ機会はなかった……。黒人の中でも、地位の向上した者たちはいます……でも、大多数は、まだ。わたしたちはまだ下層にいます。たたかい続け、祈り続ければ、いつかはよくなります。北部からきた学校は南部に奇蹟をもたらしましたよ、南部をつくったとさえいえますよ。ねえ、そう思いませんか？　ここに住んでいた南部人たちは、わたしたちに教育を受けさせたくはなかったのですからね！

お疲れになりました？

アニー　だいじょうぶですよ。どんな質問にも答えますよ！

一生働き通されましたが、労働をやめられたのはいつのことでしたか。

アニー　そうですねえ。そう……五年ほど前のこと。あなたは賃金をもらうために働く、という意味でたずねているのでしょう？　それなら、五年ほど前のこと。それ以来、家にいて……。

ほとんど百歳になるまで働かれたのですね。

フィリス　いまだって、機会があれば働いていたわよ。小さな子どもたちがこの家へ遊びにきたりすると、「ああ、この子たちが早くもう少し大きくなるのが待ち遠しい。そしたら、わたしが世話できるのだから」と彼女はいってね。もし、この二、三年に、わたしに子どもがいたら、きっと世話をしてくれていたと思うの。できるのですもの。あまり小さい子どもだと、ちょこちょこして、ひとところにとどめておくことができないから、難しい。でもね、わたしが裏の部屋を改修するのをデビーが手伝ってくれたときには、彼女はデビーの赤んぼうの面倒を見ていたのよ、立派にね。わたしの友人で、妻が八十歳で、夫が九十歳という夫婦がいるんだけれど、夫のほうは少しぼけてきたので、ふらふらとどこかへ行ってしまわないように注意してることが必要なの。わたしが奥さんの留守に行ってあげるときは、アニーさんもきて、夫のほうを見守っているわけ。

アニー　子どもの世話をするのが、わたしのおもな仕事でした。二、三の場所で料理人をしたこともありました。ピーチ通りの家庭などでね。いちばん長く勤めたのは、ミセス・ハミルトンとメンフィスへ行ったときでしたよ。娘さんのお守りをしてね。それから娘さんが結婚して、四人の子ができて。それが最後の大きな仕事でした。メンフィスへ行って、彼女の子どもの世話をしたのが。

フィリス　ハミルトン氏は州議会議員だった。

　黒人ですか。

フィリス　そう。

　ミセス・ハミルトンの家では何年ぐらい働かれましたか。

アニー　思い出せません。ずいぶん長いことでした。
ピーチ通りで料理人として働かれたときはおいくつでした？　八十歳か九十歳になっておられましたか。
アニー　いいえ、そんな歳にはなってなかった、歳をとって、もう記憶がさだかでないのです。思い出せません。
フィリス　マーティン・ルーサー・キング牧師が暗殺される以前のこと？
アニー　暗殺される以前でしたよ。
フィリス　彼女は客をもてなすことが好きでね。いろんな人が、ミセス・アレグザンダーの夕食会や集まりについて話すのよ。人びとをくつろいだ気分にさせるのがうまいの。教会の活動も献身的にしてきた。人とのつきあいは、おおかた「友好バプティスト教会」を軸にしてあるのよ。スペルマン大学の……。

アニー　そう、そう……。おもしろい話題、なかなか思いつきません。

フィリス　彼女は大変な読書家でね。もう目が見えなくなってしまったので、本はしまわれてしまったけれど。

もう、お疲れでしょうか。

アニー　いえ、いいえ。なんでもきいてくださいよ。

いちばん楽しかったときはいつですか。いちばん楽しい思い出は？

アニー　いちばん、といわれても、なかなか答えられませんよ……、いろいろ、あったから。とても楽しいこともあったし、とても苦しいこともあって。晴れの日や雨の日のように。わたしは両方を受け入れるのです。

白人のことをどう考えていますか。

アニー　白人？　好きですよ。しかたないのですから……つまり……ひどく横暴な連中もいますけれど……。自分たちがどういうふうか、気がつかないのでしょうね……。でも、どこでしたっけ？（フィリス「キャロウェイ公園よ」）そこで何人かの白人に会いましたけれど、ほんとにいい人たちでね。いろいろ話して、ときのたつのも忘れて。

　この世の中は少しずつよくなっていますよ、ずいぶんと。そうでなかったら、わたしは生きてはこられなかったことでしょう。いつの世にも、不正な人というものはなくならないでしょうが。もちろん、憎悪も全部はなくならないでしょう。わたしたちのことは見るのも厭《いや》だ、という連中もいるのですものね、（笑って）見るのも厭だと。

　神が人間をつくったのですから、わたしたちは愛し合わねばならないのですよ。南部にはまだまだ憎しみが残っていますが、やがてはよくなると信じていますよ。アトランタは全く変わりました。白人の行く場所へ行けない時代もあった。いまは州政府の仕事についている黒人女性もいるのです。そんなこと、昔は夢にも考えられなかった。黒人の市長ですよ、いまは。ジョージア州アトランタといえば以前は、〈絶望の南部〉と呼ばれていましたよ。黒人の向上を認めない土地、ということでしたよ。神が見ておられるのです。神は示したかった。愛が勝利するのです。そうでなければおかしい。白人の隣人におはようと挨拶できなければ……。

フィリス　白人と黒人だけじゃない。ここにはアジア人もメキシコ人もいるのだから……そのことで人種問題は改善されるはず……。

アニー　そりゃそうでしょうよ。それで雇用の機会が減ると文句をいう連中もいますけれど、アトランタが栄えれば雇用も増える。よそからきた人たちがお金を投資することがなかったら、アトランタもここまでこなかったですよ。人は多いほどよいのです。そういう人たちを受け入れることです……。それが自分たちのためになるのです！

フィリス　黒人と白人だけだったときは、白人の目には黒人は見えもしなかった。よその国から人びとが移り住むようになって、ようやく、白人は、ここにいるのは白人だけではないことを理解したのよ。よそから人が入ってくることに脅威を感じる黒人は多いけれど、じつはそのことで黒人の状況はよくなったのね。

アニー　若い人たちが正しい理想を持ってくれるように、と願うのですよ。でもね、彼ら（白人が）は不注意で……。たがいにたがいの権利を認め合わねば……。インディアンの土地をすべて奪い圧迫したことを読みましたよ。でも、そのことの報いがあります、きっとありますよ。いまになって金を払おうとしているようですが、かつて奪ったものにふさわしい代価だとは思いませんよ。不正を働けば、報いがあります。アメリカは薔薇《ばら》の花のように栄えてきた、でも他国に対して不正を働けば、ひどい目にあいます、すぐにでなければ、子孫の時代に。こうしていまは楽な時代で……家を建てたりビルを建てたりしてますが……いつの日か、バベルの塔のようにすべて崩れてしまうでしょうよ。聖書のバベルの塔のことを知りませんか。空にとどくような高い高い塔。人間は高みに登るには限度がある、それがわたしの考えです。

もちろん悔い改めることはできます！　悔い改める時間はあります！　そうですとも！　罪は真紅《しんく》ですが、悔い改めれば、雪のように白くなる。人びとはいつか、たがいに愛し合うようになりますよ。べたべたした愛のことをいっているのではありません。わたしの権利を尊重してほしい、あなたの権利も尊重しよう、ということです。

フィリス　女性問題について話し合ったことをおぼえている？　人生、愛、女性について、あなたはとてもおもしろいことをいって……。

アニー　そう、これはよい話題ですよ。

フィリス　もし夫が妻を虐待したら、結婚生活を続ける必要はない、といったでしょう？

アニー　わたしはさまざまな変化を目撃してきましたよ。夫と妻の場合、相手に対する期待にずれがあることがある。それが耐えられなくなる。そういう状況から逃れる方法はいくつもある。離婚はそのうちの一つでしょう。殺されるよりは逃げたほうがいいことがある……あは、は。虐待されても我慢して、あげく殺されるなんて、つまらない。さっさと離婚して逃げることですよ……、は、は、は。女性のほうが我慢しすぎているという場合を、ずいぶん見てきましたよ。でも、結婚の誓いでは、死がわれらをわかつまで、というのですから……。

フィリス　虐待するなら、死ぬまで一緒にいるとは限らない、という条件をつけたらどうかしら。いい考えじゃないかしら？

アニー　その質問には答えられませんね。ほかに質問があったら、たずねてください。

公民権運動には、何か関わりを持たれましたか。

アニー　関わらなかったですよ。集会に出たのです。公民権を得るべきだという考えは正しいと思いました。しょっちゅうではなかったけれど、集会には行きました。どういう意見なのか知りたかったものですから。たいていは行きましたよ。

フィリス　彼女、演説もしてね、新聞の写真に出ていたのよ。

アニーさんは公民権運動のことは、もうそれ以上話そうとしない。三人はしばらく口をつぐんだままいた。辞去しなければと思いながら、なおもわたしはい続ける。たぶんふたたび会うこともないように感じられて、細面のアニーさんの顔をスタンドの弱い光の中に見つめていた。深いしわはあるが、皮膚のぴんとはった顔。ゆるんだところのない顔。小さなからだは、わたしでさえ抱き上げられるように思えるが、何者にもおかすことのできない硬質の珠のようでもあった。

いろいろな家族の子どもの世話などされていたとき、旅で行かれた先はどういう土地でしたか。

アニー　メインへ行きましたよ。あそこには岩が多く、波が打ち寄せていました。ざぶんざぶんと打ち寄せていました。メイン州に滞在したときは、いつも日没を見に行きました。それは見事なものでした。海のせいで、ほかのどこよりも日没がうつくしい、あそこは。

それまでは泳いだことはなくてね。人びとが水に入る水際のところはごく浅いのだろうと思ったのですよ。そこへ入ってみようと考えて。ところが入ってみると、さあ、大変、わたしはもがき、金切り声を上げてしまいました。誰かが助けて、水から引き上げてくれたのですが、それ以来海水浴はしたことはないのです。だってね、水は深くて、しかも見渡すかぎりの水、水。高い波が押し寄せてきては崩れる。男のひとが二人がかりで助けてくれました。もう、金輪際《こんりんざい》……といったのですよ。あのときちょっと頑張っていたら、泳ぎをおぼえることができたでしょうにね。臆病だったのですね。おとなも子どもも泳いでましたっけ。水泳の経験といったら、それでおしまい。あとはほかの子守りの女たちと海浜へ出て海を眺めるだけでした。

フィリス　子守りの女たちは皆黒人だったんですか。

アニー　そう、わたしの知ってたかぎりではね。白人の子守りには会ったことはなかったですよ。皆南部からきた女たちで、泳ごうとはしなかった。でもわたしは大胆でしたよ。助けてもらって。また波が押し寄せてきて、金切り声を上げましたっけ。ペンシルヴァニアへも行きました。アトランティック・シティへも行きました。あそこの防波堤のことは知っているでしょう……。

フィリス　いまは新しいのができたの。火事やいろいろあったから。

アニー　そうでしょうね。……ウィックリーへ、ペンシルヴァニアのウィックリーへも行って。

フィリス　ウィックリーはペンシルヴァニアじゃないですよ。

アニー　山脈《やまなみ》が見えてね。小さな町でした。思い出せません。前には、そういうことは全部おぼえていましたのにね。にわかに、記憶が消えてしまって、わたしから……。汽船に乗ったこともありましたっけ。ある晩のこと、寝室に夕食が運ばれてきました。とてもおいしくて。ほんとに楽しかったのに、船が岸を離れると……。

フィリス　船！

アニー　全部吐いてしまいましたよ。

フィリス　船！　船に乗っていたの？

アニー　そう、そりゃあ、あれを船と呼ぶのかどうか。ともかく、ニューヨークに行ったときのことで、ハドソン河沿いのどこかから、出かけるんで船に乗ることになったのですよ。

フィリス　じゃあ、やっぱり船に乗ったのね。その話ははじめて聞きますよ。で、どうしたの？

アニー　だからね、夕食はとてもおいしかった。なんともおいしくて！　でも半分食べたところに、全部吐いてしまったのですよ。船が揺れると、そういうことになるものだそうですけれどね。おいしい夕食を失って残念でした。すっかり残らず。そう、すっかり吐いてしまいました。

フィリス　いつもは汽車で旅をしたの？

アニー　汽車！　あったのは汽車だけ！　プルマン式ポーター……。もうなくなってしまいましたけどね。

フィリス　ちょっと。プルマン式列車のこと？

アニー　そう。

フィリス　まだ残ってるけれど、利用する人びとがすっかり減ってしまったの。

アニー　ああ、そう。

フィリス　（プルマン式車両を発明した）ミスター・プルマンというのは黒人だったのよ。知ってますか。

アニー　いいえ、いいえ。

ニューヨークで大きな所はセントラル・シティ・パークでした。ほんとによく行きましたっけ。とても広くてね。だから、きれいなベンチがあって、飲み物も売っていました。セントラル・シティは大したものでした。

フィリス　セントラル・シティはこの町の公園よ。セントラル・パークでしょう？

アニー　そう、そう。あそこはとてもすてきでした。

子どもたちを公園へ連れて行かれたのですか。

アニー　連れて行かなければなりませんでした、毎日。ニューヨークにいたときは。おもしろかったですよ。公園のこちら側から入って行くと、新しい発見がある。あちら側から入ると、また何か新しいものがあって。（疲労が口調に現われはじめた）少なくとも、わたしの目には新しいものが。

フィリス　テネシー州のメンフィスにも行ったのでしょう？

アニー　ええ、メンフィスへ行きました。三年ぐらい滞在しました。いつもハミルトン氏一家と一緒でした。大学で教えていましたっけ。その後はアトランタ大学で教えて。(もうひどく疲れて)グレイスの夫。そう、そう、そう、そうです。おぼえておくことができるなら、あれはよい思い出。

とてもいろいろな所へ行かれましたね。

アニー　そうですよ。自分の家からずっと遠くへ。でも、この界隈では行ったこともない所が多い。ディケイターとか。(弱々しく、やさしく、そっと)は、は、は、は……。

フィリス　ついこの間、ディケイターに連れてってあげたのに!

アニー　フロリダへも行きました。親戚がいるのですよ。いい所ですね。死んだ人がいて、お葬式に行ったのです。たしかにいろいろな所へ行きましたよ。でも、一度行ってみたいのはカリフォルニア。まだ行ったことがないのですよ。

フィリス　飛行機に乗らないと行けないわねえ。

アニー　あはははは……。じゃあ、あきらめなきゃねえ。

明日はミシシッピーのジャクソンへ発ちます。今晩は会ってくださってほんとにありがとうございました。

アニー　おいでくださってうれしかったですよ。わたしに会いたいという人がいると聞いて、よろこんで会いますよと答えはしましたが、たいした話はできないと思ってね。

でも、ずいぶん教えていただきました。

アニー　そうですね、百四歳としては、まあ、なかなかのものかもしれませんよね。あはははは……。自分でもそう思いますよ。は、は、は……。昔は詩が好きで、よく読んでました。ロングフェローの作品がとりわけ好きでした。それと、小学校三年のときにおぼえたこの詩も気に入っているのです……ええと、ええと……ええと、なんの話をしていましたっけ？

そういってから、アニー・アレグザンダーさんはしばらく考えこんで、やがて、ああ、詩のことを話していたのでした、と思い出し、諳《そら》んじている次のような詩句を誦した。

そして、わたしを谷へ行かしめよ
そのうるわしい花を見るために
そこでわたしはまなぶだろう
つつましく　育ち
大きくなることを

そして、その夏の夜から二年経って、アニーさんは亡くなられた。彼女は黒人が奴隷制のもとで生きた時代のなまなましい記憶と傷痕を身近に見ながら成長した女性だった。解放後の自由をよろこびをもって受けとめつつ、同時に、多くの面で解放後にさらに苛酷さを増した黒人の生の状況に身をさらして、一世紀よりも長い時間を生きた。そして谷へおもむき、花を見てきたひとでもあった。

かくも長い嵐の中を／かくも長い嵐の中を生きてきた／おお神よ／祈る時間をもっとください／かくも長い嵐の中を生きてきた

これは十九世紀のある黒人霊歌の第一節だが、二十世紀も終わりに近いいま、嵐はいまだやんだとも見えない。アニーさんは見えない眼を戸外に向けて、わたしたちが車で走り去るのを見送ってくれた。どうしても、といって。扉の上半分のガラス張りの部分に浮かんでいたその顔は、額縁に入れられた夢の中の絵のようだったが、いまでも、それを見たければ、わたしにはすぐ見える。どこにいても、ふり返りさえしたら、すぐ見える。

あとがき

耳をすますこと、聞くこと、それはひどくむずかしいことだと感じもし、そう書いてもきた。耳をすますことは、わたしたちを変えもする、と書いたこともある。北アメリカの黒人女性の、みずからを物語る声を聞いて、やはり今度もわたしは彼女らのことばがわたしを刺し、撃つのを感じた。彼女らのいだく危機感もふくめて。

経済的地位が向上したら、黒人は完全に同化できるし、したほうがいいのだ、と良心的とみずから信じこんでいる人びとがいったりする。アメリカ人でも日本人でも。親切ごかしに吐かれるそのようなことばに、わたしは身勝手にきずつく。アフリカ系アメリカ人である黒人自身が、黒人らしさをすてたら、いのちがあぶない、といっているのに、それを本気にしない人びとは根源的に暴力的だ。

わたしたちはそのような暴力性をてこにして、といってよいようなしかたで他者に対してきた。日本でも、世界でも。そして、そのような傾向が変化するきざしすら見えない。

このたび登場してくれた女たちは、そういう世界のからくりを知りつくしている。それでもなお、こころを閉ざさない。彼女らのたたかいは際限なく、楽観もできないが、彼女らは絶望しない。笑う女たち。高らかに笑う女たち。

女たちのことばを読みかえしてみる。そして、彼女らの物語の二巻目を書きおえようとしているいま、わたしは彼女らの世界のもう半分、つまりアフリカ系アメリカ人の男たちの世界を覗かずにきたこれまでのやり方について考えてみる。女たちの物語から、男たちの姿がほの見えることが時にはあるが、おおかたはそうでない。「男の物語も聞きにおいで」という男たちのさそいにのって、もう半分のほうへも行ってみなければ、とも感じる。いつか、そういうこともできるだろうか。

最後に、話を聞かせてくれた寛容な女たちと、話を聞きにあちこちでかけて行くわたしを支えてくれたわたしの家族に感謝します。みなさんのおかげで、ようやくこのようにまとまりました。ありがとう。

一九八六年三月七日　　京都で

特別収録

十三のとき、帽子だけ持って家を出たMの話

わたしの祖母たちは記憶に
あふれ
石けんとたまねぎと
濡れた粘土のにおいがする
すばやく動く手には
でこぼこに血管が走っているが
彼女らは多くの高潔な言葉を口にすることができる
（「血すじ」マーガレット・ウォーカー）

その朝はミセスGの家を掃除することになっていた。毎週金曜日ときまっているのだから。このひとの家を掃除するようになってから十五年になるだろうか。その間に、このひとは夫をなくした。ある美しい七月の夕方、ミスターGはテニスをやっていて、コートの反対側から飛んでくるボールを打とうと前へ走ったが、そのときガクッと躓くように見えた。彼はそのままそこに倒れ、人々が駆《か》けよってみると気を失っていた。救急車を呼んだが、病院に担ぎこまれたときには、もう息がなかったという。

ミセスGは最近母親も亡くした。九十三歳だったが、このひとは九十二歳になるまでは自分の食事を作っていた。わたしは彼女が住んでいた家でも、掃除や洗濯をした。洗濯といえば、数年前のことだが、シーツというシーツがびりびりに破けてしまうほど古くなって傷んでいるのに、ミセスGの母親は一向に新しいのを買わないので、娘にそのことをいってやった。娘は母親はもう自分は先長くないと考えているから、新しい物を買わないことにしているらしいと答えて、デパートから新しいのを買ってきて、母親にあたえた。思えば、あのひとは、ずいぶん長いこと、もう自分は先が長くはないのだから、と覚悟しながら生きていたわけだ。

ミセスGには三人の息子がいる。長男Dは日本人のKと結婚した。もうかれこれ二十年になるが、その日本人の妻というのがまあ賑やかなひとで、何を仕事にしているのか、何度きいてみてもよくわからないが、何をやっているのだろうか。よくここへもやってくるが、もし勤め人ならそんなに始終休めはしないだろうから、あまり何もしていないのと違うだろうか。でもときどき「本を書いてるところだ」なんていう。そうそう、その本を書く準備とかで、もう八年ほど前のことになるがわたしの話を聞きたい、聞かせてもらえないだろうか、となんだかいやに改まってたずねたことがあった。

「なぜよ?」とわたしは訊ねた。

「アメリカの黒人女性の実際の生活のことを知りたいの。いろいろな女性に話をきかせてもらって、それを書きとめて、できたら日本語の本にしてまとめようかと思って」

「全然かまわない。話してあげるわよ」

するとその場にいあわせたミセスGまで、もしKの頼みをきいてもらえるなら、時間もそんなにないことだろうから、その翌週の掃除は中止して、その時間ふたりで坐って話したらいい、といった。

で、わたしとしては、それでも一向に構わないと答えたのだ。前から、わたしもこのふたりには、わたしの住んでる界隈でおこる事件なんかについて、いろいろ話してやってきたから、もっと詳しく話を聞きたいというのも納得できないわけではなかったし。本は日本語で書くというのだから、できあがってもわたしには読めないが、そう、わたしの話が日本人に参考になるなら喜んで話すといったのだ。わたしの住んでいる界隈でおこる事件には、強盗事件や傷害事件や殺人事件などが多いのだが、きっとそのことをもっと詳しく聞かせてくれというんだろうと想像していた。わたしが知っている犯罪事件のことを話してやることで、日本の若者たちが犯罪者にならないですむのに役だつなら、と思ったから。

ところがよくきいてみると、彼女が聞きたいのはわたしのこれまでの人生についてだ、というのだった。わたしは、「ああそう、それでも構わない」と答えたのだった。ところが、会って話をしてやることになっていたその日の前日、わたしが住んでいる近所でひとりの若い娘がピストルで撃たれて死ぬ、という事件があったもので、わたしはその葬式に参列することになるから、話をするにしても、午前十一時頃までしかできないけど、といわなければならなかった。

それで翌日は朝いちばんにミセスGの家へ行き、色々話したのだが、結局わたしの人生について半分くらいしか話さないうちに、もう十一時十五分前になってしまった。Kはすると、なんかひどく気を使ういいかたで、その死んだ娘Yの葬儀に部外者が参列することは、ずいぶんと失敬なことになるだろうか、見ず知らずの者が参列することは許されるものだろうかと、おずおず訊ねるから、全然構わない、誰が行ったっていい、行きたければ一緒に連れて行こうというと、ほんとに礼を失することにはならないのだね、と念をおす。全然問題ない、一緒に行こうといってやると、でも今回ここへは葬式にでる予定なんかなく来たのだから、きちんとした服装で行けるかどうか心配だとまだグズグズいっていた。今朝洗った白いブラウスがもう乾くころだから、ブラウスはそれでいいとしても、紺とか黒のスカートがない、困った、白いスカートでも構わないだろうかとしきりに悩むのだ。そんなに心配することはない、このごろじゃ昔と違って、黒人の葬式もずいぶん磊落《らいらく》になっている、昔はいろいろきまりもあったけど、今じゃそういうことを気にしない人たちがすっかり多くなった、ジーンズでくる若者だっているくらいだ、それでも誰も非難しないほどだ、ともかく裸でなければ構わない、といってやると、ようやく安心したようで、それでは、つれて行ってください、とふたたび改まったようにいうのだった。

あれはなんとも悲しいおとむらいだった。殺されたYという娘はまだ二十歳になったばかりだったが、恋人の男に拳銃で胸を撃たれて死んだ。恋人の男には妻も子もいた。Yはこの男のことでひどく思いつめて、「あんたが妻と早速別れないのなら、あたしはあんたの奥さんのところへ行って、あんたとあたしの関係をばらしてやる」といったという話だ。男はなんともまあ厄介なことになったとうんざりして、Yを始末してしまう決心をした。あるバーの前で待ちぶせしていて、Yが出てきたときに撃ったという話だ。

わたしとしては遺族の当惑が気の毒だった。若い娘が自分の父親ほどの年齢の男と関係を結んでいたという事実に、遺族は当惑しているだろうと想像がついた。遺族はわたしの夫の親戚だから、顔をあわせるのを避けたかった。いうべき言葉もみつからないのだから。

　葬儀の当日はひどく蒸し暑かった。教会ではいくつもいくつも悲しい歌がうたわれた。Yの伯母をはじめとして、ずいぶん何人もの女たちが気を失ってたおれたっけ。救急車が何台もきて。一緒につれていったKはすっかり参ってしまったようで、あんなに暑い日だったのに震えたりして、顔も青ざめていた。そしてそのおとむらいのあったときから三年もすぎた頃、あのお葬式のことを書いたのといって、一冊の本を見せてくれた。何しろそれは日本語の本だったので、どういうことが書いてあるか見当もつかなかったが、その本の表紙の写真の女性は、以前この町に住んでいたEで、EはミセスGと同じ職場で働いていたことがあった。おそらくその職場では、彼女が唯一の黒人だったのだろう。その当時、Eは髪をアフロにしていたっけ。あのひとも夫に一方的に離婚したいといいたてられたという噂を聞いたが、いまはどこにいるのだろうか。子供がふたりいたけれど、子供たちはどうしているだろうか。

　さてその日は金曜日で、午前中はミセスGの家の掃除をすることになっていた、といって話しはじめたのだから、そのことに戻ろう。

　いつものように行くことは行ったが、その日わたしは孫娘をシカゴまで車で送っていくことになっていたので、午前中の仕事はどうしようかと迷っていたのだ。まあ、なるべく早くきりあげて行くことにしようか、それとも……。とにかく行ってはみた。行ってみるとミセスGがいうのだった。

「DとKの友達が四人、日本から来て泊まってるのよ。毎晩おそくまで起きていて愉快そうではあるけれど、まだ起きていなくてね。皆まだ時差ぼけからもすっかり回復していないらしいように見えるから、わたしとしては寝かしておいてやりたいのだけど、どうしますかね」

いうまでもないことだが、わたしはわたしの方もきょうは掃除は中止ということになると、かえって都合がよいと伝えて、早速立ちさろうとしたところへ、ミセスGはこういった。

「それはそうと、ずっと以前Kがあなたに連れていってもらった葬式のことを書いたことがあったでしょう？　アメリカの黒人女性のことをいろいろ書いていた本に？　それでね、その日本人の友達というのは皆その話を読んだり聞いたりしたことのある人たちなのよ。もっともその中のひとりは十五歳だから、きっと読んではいないと思うけれど。とにかく三人は読んでるわけ。Kはお葬式の話の中にあなたのことを少し書いてるから、あなたのこと、この三人は少しは知ってるのね。で、わたしが思うのは、その三人はきっとあなたに会いたいだろうということなの。本で読んだ人物に直接会えたら、きっと嬉しいでしょう。わたしがKの部屋へ入って起こしますからね。それであなたが来てると伝えて、その三人を起こしてもらって、皆でちょっとだけでも会ってみたらと思ってね」

そのくらいの時間ならあると判断して、わたしはミセスGのあとから皆が寝ている二階へいった。ミセスGがKを起こしている間、わたしはその寝室の外で待っていたが、ほんの一分後にミセスGは出てきて、「Kは起こしたから」というのだった。で言われたように、その寝室へ入っていくと、ぼんやりした顔のKがベッドに背中を丸めて腰かけていて、「ああ、Mさん、おはよう」というのだった。それから彼女も姑のいうとおり、日本からきている三人はわたしのことを知っているから、会わせたいという希望をのべた。まだ半分は眠っているようで、口もよくまわらない。このひととその家族がここへくることは割にしょっちゅうあるのだが、それとわたしがここで働く日とかち合うと、だいたいこのひとは寝坊していたり、起きぬけのような、だらっとした感じでふらふらしていることが多いのだ。小さな子供が二人いて、子供たちは早くから起きていて、ワーワー駈けまわっては騒いだり、あんぐりと口をあけてテレビを観ていたりする。夫のDはジョギングが好きとかで、だいたい朝のその時間にはいない。八時ごろのこと。なぜまた彼はわざわざハーハーと息をはずませて、トマトのような赤い顔になってまで走りたいのだろうか。もっと他にすることはないのだろうか。好きこのんで自分を苦しめているように見えるが、いったいどういう訳だろうか。もっともここ数年来、心身ともに健康に暮らすには、規則的に運動するのがよい、と医者たちも新聞や雑誌なんかで盛んに説いているのだから、きっとそういう流行にのっているのだろう。それにしても、あんなにハーハーして、トマトのような赤い顔になるまでやる必要があるのだろうか。わたしにはとても無理しているように見えるし、そのようなきつい無理がはたして彼を心身ともに健康にしうるものだろうか。わたしなんかは朝早くに家族の面倒をみて、それから白人の家の掃除を二軒ぐらいやって、午後おそく帰ってくれば、また夕食の支度で、それが終わっても、何やらかやらあって、寝るのは二時ぐらいになることだってある。ついこの間も、夜の一時に懐中電灯の明かりで、庭に作っているインゲンを摘んだ。そういうわたしもやはりあんなに真っ赤な顔して、灯台あたりまで走ったほうが、心身の健康のためによろしい、ということはありうるだろうか。

ところで、何の話だっけ。そうそう、わたしのことを読み知っているという三人の日本人に会うことになった発端を説明しようとしていたのだった。

Kはよろよろとベッドから立ちあがって、昔この家の次男の寝室だった部屋へ行った。そして扉の外から何かいって戻ってきた。二分もすると、シャワーを浴びたのだろうか、髪がびっしょりと濡れていて、木綿の縞柄の長い部屋着とも寝間着とも見えるものを着た日本人の女性がKの寝室へやってきた。そのひともKのベッドに浅く腰かけた。

Kが彼女をわたしに紹介して親しい友達だといった。それからわたしを彼女に紹介して、これがあのMさんといった。そのときには既にわたしもKの腰かけているベッドの向かい側のもうひとつのベッドに腰かけていた。

Kがたずねる。「Mさん、この夏もやっぱりミシシッピーの家族の集まりに行った？」

「行ったのよ」

わたしはミシシッピー州のニュー・オルバニーで生まれた。そこにはまだ両親の住んでいた家がそのままある。その家でわたしは十三歳まで育った。毎年、七月ごろ、その両親の家へわたしの兄弟と妹たちが家族をつれて集まる。各地から皆車でやってくる。わたしの場合もそうだが、去年は一台の車に合計十一人乗っていったのだとKに話してやったことがある。そのとき十一人もどうやって一緒に乗れたのか、彼女には想像もつかないようだったが、ともかく十一人で行ったのだ。具体的にどうやって乗っていったか、そんなことといちいち憶えてはいない。前に何人、後ろに何人とか、こまかいことは憶えていない。乗せようと思えば乗せられる、としか説明のしようがない。ここウィスコンシン州のラシーヌの町からミシシッピー州のニュー・オルバニーまではおよそ千三百キロだが、交替で運転するから、どこにも泊まらずに行く。

「今年は何人集まったの？　Eの出身地での家族・親戚の集まりには五百人も集まったって」とKがいう。

「わたしの所では、今年は九十人」

「それでその人たち全員、ご両親の家に泊まったの？」

まさかそんなことできるはずはない。両親の家は三間しかない小さなものだもの。だから親戚の家、知り合いの家、モーテルなどに分宿したが、それでも全員が一堂に会するのは両親の家で、そこでそろって食事をした。女たちは我も我もと小さな台所に入って、押しあいへしあい、料理を作った。

そう話すとKも、その女友達もすっかり感心したような顔でじっと聴いている。女友達は素直そうに、わたしがいうことに、いちいち頷いている。目をまるくして。そんなにこの話がおもしろいなら、ミシシッピーの黒人の村の昔の話をしてやろう。

「あんたたちね、今ではその村も大分変わってしまったけれど、わたしがそこで育ったころは、ほんとに誰もが助けあって暮らしていてね。年寄りたちもとても尊敬され、大事にされていたのよ。ミスター・ジャクソンという人は百歳になるまで生きたけれど、家族は皆彼を残して早く死んでしまって、彼はひとりになった。それでも八十ぐらいまでは、自分のことはできたのだけど、八十すぎると体の自由もきかなくなってしまった。そうするといろんな人が世話をするようになった。食べる物が十分にあるわけではなかったけど、それを分けてね。わたしの家からミスター・ジャクソンの家までは六キロあったけど、毎日誰かが食事をとどけてね。そんな話は特別じゃなかったのよ。誰でもがすすんでやってたことなのに、近頃ではもう若いひとたちは老人を大切にしなくなっている。暮らしは当時にくらべればずっと楽になっているのに、人々は自分のことしか考えなくなってきてるのよね」

　そうわたしがいうと、またKの女友達はさかんに頷くのだった。わたしが一息ついたところで、彼女はKに〇〇〇と日本語でいって、部屋を出ていった。一分もすると、彼女は今度は男をひとり連れてもどってきた。そのひとは寝間着姿ではなく、Tシャツに半ズボン姿だが、髪の毛が全部逆立って、黄色になっているところもある。わざわざ黄色に染めているのだろうか。まあ、それはどうでもいいのだが、Kがいうには、そのひとは音楽をやる人物で、三週間ほど前には、東京でコンサートをやって、そのとき実は、Kが乳房に弾丸を撃ちこまれて死んだあの娘Yの葬式のことを書いた話を朗読させてもらったというのだった。そして音楽家だというこの男が音楽をつくって、演奏したらしい。さらにこの音楽をやる人物は、Kのその女友達の夫だという。名前はきいたが、どうも思いだせない。

「この人は天才なんていわれているのよ」とKはその音楽家のことをいったが、すると音楽家の妻が笑った。音楽家は安楽椅子に腰をおろした。

「あのYがああいう死にかたをしてからこっち、Yのような死にかたをした娘たちが五人もいるのよ」

　いやに真剣なおももちの三人に、わたしはそう話してやった。この人たちはわたしの話にずいぶんと興味を示すなと思い、Kがわたしのことをどんなふうに書いたのだろうか、と想像をめぐらしてみるのだが、Kは黒人の女たちから話をきいて書いた最初の本には、わたしのことはあの葬式のことに関連して少し書いただけなので、わたしが話してやったわたし自身の生い立ちについては全然まだ書いてないといっていた。まだ書いてないということは、いつかは書くという意味だろうか。ちゃんと記録はとってあるのだろうか。

いずれにせよ、わたしが八年前にKに話したことというのは、おおよそ次のようなことなのだ。Yの葬式にでかける前の数時間に話したことは。

わたしは一九三一年、ミシシッピーのニュー・オルバニーで生まれた。家は農家だった。父は小作人だった。農園主から土地と種子と肥料を借りうけ、収穫物でその代償を払う小作人だった。

わたしたち一家は朝は四時に起きた。そして騾馬に餌をやり、牛の乳をしぼって、それから畑へでかけていった。夕方、家に帰ってくるのは八時ごろだった。帰ったらまた騾馬に餌をやり、牛に餌をやってから、風呂を浴びて寝た。寝るころには十時になっていた。

そこまで話すと、Kは「そして翌朝はまた四時に起きたのね」とたずねた。わたしはクスクス笑いながら、そうだと答えた。

そう。起きて、騾馬に餌をやり、牛にも餌をやって、牛乳を集めにくるトラックに牛乳を積んで。

わたしの両親もミシシッピーで生まれた。祖父母もそうだったが、わたしが生まれたときには、もう死んでいなかったから、わたしは彼らを知らない。

わたしは兄弟姉妹、あわせて十七人。死んでもうこの世にいないのはたった一人。男の兄弟が九人、妹が八人。最初に生まれた娘はわたしだったわけ。わたしの上には兄がふたり。

母は十五歳で結婚した。去年まで生きていたが、去年の夏とうとう死んでしまった。心臓が悪くて。ずっと病気だったし。

Kはあのとき、農業をしていた当時の暮らしはつらかったのだろうかと訊ねた。

わたしは「あのね、どんな暮らしをしていたにしろ、よい暮らしだと自分にいいきかせて暮らすことになっていたのよ」と答えた。

日曜日にも朝は早くおきて教会へ行ったものだ。今みたいに自動車なんかなかった。騾馬がいただけ。騾馬を二頭引いてきて、それを荷車につないで。朝早くから教会へでかけていって、一日中いたものだ。父はいつもいっていたっけ。

「神はわれわれに六日くれた。週の六日は何をしてもよろしい、と。だが最後の七日目は神につかえる日としてとっておくようにといったのだ。その最後の一日だけは、神から盗みとってはならない、とな」

だからわたしたちは日曜日には教会で一日すごして、祈り、親しい友達と会う。そして良い会話をする。人生のすばらしい側面について、じっくり考えてみるのだ。そう、わたしたちはバプティスト。

あそこでは、どんな暮らしをしていようと、良い暮らしをしている、と人々は考えていた。今日では、人々は「まさか。よくもそんなことがいえるね、ずいぶん酷い暮らしをしていたんじゃないか。騾馬なんか使って何もかもやってたんだろうが？」などというが、当時は良い暮らしだと考えられていたのだ。だって、手に入る物を使いこなして暮らすしかないのだから、良い暮らしだと考えられていたわけだ。今のように、あれを盗み、これを盗みしていたような生活とは違う。働いて物を手にいれたのだ。誰も彼も奴隷のように働いて、日曜日になれば、神に感謝して。

Kは食べ物は十分あっただろうか、ともたずねた。

「そうねえ、必ずしもいつも十分あるというわけじゃなかったけどね、ある物だけで足らすようにしたのよ」わたしはそう答えたと思う。

食べ物が足りないとき、台所の母は挽き割りトウモロコシの入った鍋をじいっと見つめていたものだ。家庭菜園にはエンドウ豆や玉葱やトウモロコシがあって……。肉がまったくないこともあったが、野菜だって食料品なのだから。母はいっていた。

「神さまがくださった物を食べるんだよ。生きていられることを感謝しなくちゃいけない。神さまがくださった物で満足しなければ」

八年前、その母のことをKに話した当時は、まだ母は小学校の給食室で働いていた。給食をつくっていた。その当時彼女は六十八か七十だった。父も生きていたが、血圧がたかくて、かなり具合がわるかった。

その二年前、母は医者が見放すほど酷い病気になった。

ある日のこと、母は医者のところへいったが、容体はとても悪くて、医者の前に出ても、顔を上げることさえできないほどだった。でも母は医者にいった。

「お医者さん、あんたはわたしが死ぬと思ってますね。でもあんたは神さまとわたしが一緒に決めたことについては知らないでしょうが？　わたしたちの家じゃ、野菜を植えなくちゃならないんですよ。わたしは家へ帰って野菜を植えますからね」

そういって彼女は家に帰って寝たが、ほぼ一月もすぎたころ、椅子を一脚、家の外に運びだして、それに腰かけてキャベツを植えた。そう、キャベツを植えたのだった。そして彼女はそれから十年も生きのびた。毎晩その日一日を与えられたことを神に感謝して、またもう一日くださいと祈りつつ。次の日の晩もまた、その日一日のことを感謝して、ふたたび、どうかもう一日くださいと祈って。

そのようにして暮らすようにという教えを、自分の母親から受けたと、わたしの母はいっていた。祖母は母が十三歳くらいのときにこの世を去ってしまったが、生きている間にはいつも母に、「五セントの金さえなくたって、イエスがおられれば、暮らしはすばらしい」といっていたというのだ。

そんなふうにして、わたしの先祖たちはずっとミシシッピーで暮らしてきたのだが、わたしの世代になると、誰もがミシシッピーを去った。わたしの兄弟と妹たち、すべてが。でも妹のうち一人はミシシッピーに戻っていった。Kにわたしの生いたちを話してやったときから一月ほど前のことだったが、彼女は両親の家からずっと離れたところに立っていた古い、古い教会の建物を買って、それを父の地所まで引っぱってきたのだ。そして夫と一緒にいろいろ修繕して、いまではとても良い家になった。まるで新しく建てたような家に。

一軒の家をどうやって引っぱってきたかって？　まずばらしておいて、少しずつ運んだのかって？

ちがう、ちがう。おんぼろのトラックで行って、家をずるずると滑らすような感じで動かして荷台に載せて、引っぱってきたのだ、ほんとに。

さて、どのようにして、わたしはミシシッピーの家を出たか？

まあ、いろいろ言いはしても……やっぱり畑仕事はつらくて……太陽がカンカン照りつける日などは……空を見上げれば、陽はまるで真っ赤なボールとか輪のように見えてね。ある日のこと、わたしは騾馬を使って作物を植えていた。「わたしは、神さま、あなたを愛しています、雲の中におられる神さま」と歌いながらね。神はきっとわたしを助けてくれる、とわたしには分かっていたの。「神さま、わたしはこんなにガラガラ蛇の多い畑で作物を植えるのは、ほんとにつらいのです」と繰り返し繰り返し祈ってね。ある日のこと、わたしはうっかりガラガラ蛇の巣を叩いてしまった。

ガラガラ蛇が人間を襲うありさまといったら！　そいつはわたしに跳びかかろうとしたが、あわや、十センチの差で、わたしは難をのがれたのだ。

「ああ、神さま、あなたがわたしの命を助けてくださったのですね！　わたしはもうこの土地を出ていかなければなりません！」わたしはそういった。

父に家族の全員を養うことはできないことは、わたしにもよく分かっていた。子供たちは皆父にいわれて働いてはいたけれど。そう、ここの畑、あそこの畑と、いくつも耕して。父はそれを全部耕したかった。でもそれらの畑の中には、そこへ歩いていくだけで一時間半もかかるのもあったのだ。父はとびとびの畑から畑へと歩きまわっては、子供たちがちゃんとやってるかどうか、調べていた。

ガラガラ蛇のことがあったその夜、わたしは鍬《くわ》で畑を耕すようにいわれていた。父は気分が悪いといって、すでに寝床にはいっていた。わたしは思った。

「そう、今晩がチャンスだ！　今晩こそは！」

わたしはそっと家を出て、ある町まで歩き、そこからニューオーリンズへ行った。ヒッチハイクでニューオーリンズまで。ニューオーリンズにたどり着いたのは朝の六時ごろ。家を出たのは夕方の五時だった。

もちろん誰にも告げずに。親たちにいったら、首ねっこを捕まえられて、怒られていただろう。アハハハハハ。十三歳のときのこと。で、そんなふうにしてヒッチハイクして、ニューオーリンズには朝早く着いて。わたしはそこへ向かった。ニューオーリンズといえば、フリー・メイソンの大きな支部がある町だったから、わたしはそこへ向かった。助けてくれるかもしれないと考えて。でもまだ早すぎて、建物はあいてなかったから、その前で歌っていたの。

「神さま、どうかお慈悲を」って。するとそこへ一人の白人の婦人が近づいてきてね、わたしにこう訊ねたの。

「わたしの幼い息子の世話をしてくれるような若い娘を探しているのだけれど、そういう場合には、どこへ行って訊ねたら紹介してもらえるか、知らない？」

「知りません」とわたしが答えるのも待たず、彼女は説明した。

「わたしは夫と離婚することになったの。わたしは医者で、わたしの所にきて住みこんで、息子の世話をしてくれる娘を探したいの。安心して世話を頼めるようなひとを。週に十八ドル払って、食事つきで、衣類もわたしが買うつもりなんだけどね」

わたしの事情なんかまるで知らないのに、そんな良い条件の話を口にしたわけ。わりとお金持だったのね。で、わたしは「いいですとも。わたしが働いてあげますよ」といったの。アハハハハハ。ね、神の力がどう示されるか、わかるでしょうが?

「ここでこんなに朝早く、あんたは何をしてるわけ?」とその女医はわたしに訊ねた。わたしは一セントも持ってなかった。

「ああ、わたしですか。わたしはただぶらぶらしてるだけですよ。いますぐにあなたの家へきてくれというのなら、このまま行ったっていいんですよ」といってね。

荷物は、って?

手ぶらだった。

着替えも持ってなかったのかって?

家にいたときだって、着るものといえば、穀物をいれる袋の生地で作った木綿のワンピースが一枚きりしかなかった。それを着て学校へ行き、畑にも出た。ニューオーリンズの町の朝、そのときわたしが着ていたのも、その一張羅《いっちょうら》のワンピース。あとは帽子をひとつ持って家を出てきた。

だからといって、それはそんなに突っ拍子もない話ではなかった。今とは違っていたのだから。当時は着替えの衣類を持っている者なんかいなかったのだ。わたしはその一着のワンピースを着て畑で働いて、夜家に帰ってから洗った。そして椅子の背にかけて乾かす。洗濯物を干すための綱さえなかったから。そういう暮らしをしていても、神の恵みをうけている、と考えていた。このごろとは違っていた。

「おまえがこの世に生まれてきたのは誰のせいでもないんだよ。おまえはおまえの行動に責任をもたなくてはならない」わたしの母はいつもそういっていた。

ともかく。このようにフリー・メイソンの建物の前で、あの朝早くこの白人の女医に会って、その場で雇われることになったのだ。彼女はもともとはニューヨーク育ちの人で、息子がひとりいた。でもその当時はつらい思いをしていた。離婚することになって、彼女は家をもらい息子の養育権ももらったけれど、それでも女の身ではつらかった。だって、女は危機に見舞われるとつらい思いをするものだから。それに彼女は毎日仕事にでなければならなかった。歯医者だった。

そういういきさつで、わたしは彼女の家で働くことにはなった。でも、ニューオーリンズの町の様子については全然知らなかった。ある朝のこと、早く家を出なければならなかった彼女が「息子を公園に連れていってちょうだいね。そこでポップコーンを買って、ふたりで一緒に食べなさいね」といった。

楽しいだろう、とわたしは喜んでね。ポップコーンは大好きだったし。

バスで行くことになっていた。ところが、待っていたバスがきたので、前から乗っていくと、運転手がこういったのよ。

「おい、おまえ、赤ん坊は前のほうに坐らせろ、おまえは後ろの席に坐れ！」

わたしは勿論、「とんでもないわ。赤ん坊だけを前に坐らせろなんて、無茶はいわないでよ。あたしがちゃんと傍についてなければ、この子は窓から落ちる！」といってやったわ。

「グズグズいうな。赤ん坊だけ置いて、後ろへ行け」

「いやよ！」

そういいのこして、わたしは赤ん坊を抱いてバスを降りてしまった。家へもどって女主人に電話して、ひどい目にあった、と報告した。

「運転手はね、坊やだけ前に坐らせて、おまえは後ろの席に坐れといったんですよ！」

「まあ！　ちょっとそこで待ってなさい。すぐ家に帰るから」

彼女は家に帰ってきて、そんなことをいったのは、どの運転手かと訊ねた。

問題の運転手に会いに行くと、彼は黒人は前には坐れない、後ろの席ときまっている、というのだった。

すると、女主人はツカツカと運転手に近づくといった。

「あたしの息子には前に坐れ、そしてこの娘には後ろへ行けなんてことはいってもらいたくないわね、子供が窓から落ちたらどうする気よ、一体全体気でも狂ってるの！」

でもそのことがあってから後は、その子を連れて公園へ行くときには、わたしは歩いて行った。遠かったか、って？

そうでもなかった。

暑くはなかったか、って？

暑いことは暑かったけど、道には並木があって日蔭になっていたから。

女主人には、歩いて行ってるんですよ、とは打ち明けなかったけど、やがてばれてね。

でも、ずっと歩いて行った。ニューオーリンズでもまだ当時は市民権のことは進んでなくて。変えよう、という動きは少しはあったけど、変化はあまりにも遅々としていた。

八年前、Kにここまで話すと、彼女はちょっと時間がもどるけど、といって、わたしが子供だったころの教育についてたずねた。

ミシシッピーでは子供のころ八年間学校へ行った。でも教育はずいぶんのんびりしたもので、おおかた教師たちは人間関係のことばかり教えていた。たとえば、机の上にコカコーラの瓶を置いておいて、生徒の一人に、そこへ行って瓶を取りなさい、という。そこでもしわたしが瓶を全部取ったりすれば、先生はそんなに全部取ってしまったら他のひとたちの分は何も残らないじゃないかと非難してね。自分のことしか考えられないようじゃ駄目だと。

でも読み書きなども習ったことは習った。わたしが二年生のときの担任はわたしの父の姉で、わたしにはいつも必ずいちばん難しい言葉の綴りをいってごらんと要求してね。「エンサイクロピーディア。e-n-c-y-c-l-o-p-e-d-i-a」と、わたしは答えたものよ。でも、一字でも間違えると、鞭《むち》で打ったの。わたしの体にはまだそのときの傷跡が残っている。傷はいつかは墓に入るわたしについてくることになるわ。ハハハハハ。彼女は「おまえは人間だ、愚かではない、だから責任を果たせ」といってね、森へいって細いしなやかな小枝を探してきては、それで打った。痛かった。でも、そういうことも必要。

その話をじっと聞いていたKは「Mさんも、自分の子供を鞭で打つの?」と小さな声でたずねた。

「いいえ、わたし自身のことでいえばね、子供に体罰を与えることはいいとは思わない。何かよくないことをしたら、部屋の掃除をしなさい、というようなことで罰するのよ。子供が嫌がることを選んで、やりなさいというの」とわたしは答えた。

当時、学校の生徒は皆黒人で、教師たちもそうだった。小さい頃は近くの学校へ行ったが、すこし大きくなると、十二キロの道を歩いて通うことになった。そう、片道十二キロ。朝は八時に学校の授業がはじまった。

学校から帰ったら、もちろん畑で働いた。さつまいもを掘ったり、インゲン豆やバター豆を摘んだり。遊んでいると父がやってきて、これこれをやりおえたら、遊んでもいいから、といったけれど、いつもきまって、いわれた仕事をやりおえたときには既に日が暮れていたの。

畑の仕事をさせられるようになるのは四歳か五歳のとき。だって責任があったのだから。遊んではいられなかった。綿の実を摘むことのできる者は鍬で穴を掘って綿の種だって蒔《ま》けるはずだ、というような考えでね。そりゃ疲れてはいたけれど、そんなことといってはいられなかった。そうよ。自分が疲れてるからといって、それで世界が止まってくれるわけじゃない。そう。

すでに説明したように、わたしはひとりでニューオーリンズへ行ってしまった。そしてしばらくはミシシッピーのニュー・オルバニーの家族は誰もわたしの居所を知らなかった。家を出てから二年して、わたしは親たちに手紙を書いた。親たちからは「一体どうしたんだい？　ずっとほんとに心配していたんだよ！」という返事がきた。

家を出た理由をもう少し説明すれば、じつは一番上の兄が軍隊にとられてしまったあと、わたしはその分の仕事もずいぶんしなければならなくなって、それがあんまり苦しかった、ということもあったのだ。ああ、兄が軍隊に入った日のことは、いまここで思い返しても悲しい。涙がとまらない。あのときはつらかった。兄だって、それまでは、たったの一晩だって余所《よそ》に泊まったことはなかったのに、皆と別れて行くわけだったから、あの日はほんとに悲しい日だった。そしてその兄がいなくなってしまうと、弟は「こんどは姉さんが鋤《すき》を動かせ」といってね。でもわたしには動かせない。使いかたもわからない。ほんとにずいぶんつらかった、とてもつらかった。兄は畑仕事のことをとても良く知っていた。その彼がいなくなったから、わたしが彼のやっていたことをやるより仕方がなくなってね。鋤まで使わなくてはならなくなったのよ。鋤を騾馬に引かせて、その後ろから行く。肩から紐をかけて、後ろから騾馬を操って。でもわたしは鋤を騾馬につなぐ方法も、自分の体につなぐ方法もわからなかった。ああ、あれはつらかった、ほんとにつらかった。

そこまで話すと、Kは「そのときMさんはまだ十三歳だったのね」といった。

そう、十三歳だった。ようやくのことで、父がやってきて、鋤をつないでくれた。ああ、あれは悲しかった。思い返すだけで、悲しい。

その兄はね、召集されたその兄はね、いろんなズルするのが上手でね。畑で雨にあって服がずぶぬれになると、家へ帰っても、もう洗濯したと嘘ついてそのまま乾《ほ》したり。あるときなど、綿の種を蒔けといわれて、わたしと一緒に行ったのだけれど、兄は「いい考えがあるぞ、種はいい加減に、そこらに適当にばら蒔いておきゃいいんだ」といった。二エーカーの畑に。そうすれば家に帰って野球ができる、というのだった。でも彼はいい加減にばら蒔いておいた種もやがては芽が出る、ということを忘れていた。案の定、綿がそこここに、点々とかたまって生えてきてしまった。あのときは、ほんとにこっぴどく鞭で打たれたっけ。

ニューオーリンズで暮らしていることを家族に知らせたのは、家出してから二年もたってからだったと、さっきも話したけれど、居所を知らせた後には、生計の足しにしてもらおうと、ずっと仕送りをして。ずいぶん長い間、週に一度送金することを続けたの。弟や妹たちに少しは楽をしてもらおうと思って。

しばらくして、家に帰れることになった。といっても、一晩泊まりだったけど。帰ると皆とても喜んで。伯母たちもやってきて、「ほんとにずいぶん元気そうだね」とすっかり感心していたっけ。体重もすこし増えていたし。そのときはバスで帰った。もうずいぶん貯金もあったから。

その歯医者の家で働いていたときには、息子の世話の責任を持たされていたから、料理はしなくてもよかった。料理はべつのメイドが通ってきて作ったから、わたしは食器を洗っただけ。

あるときわたしとその子供は公園で子供の父親に会ってね。靴屋を経営しているひとだった。わたしは自分がどういう者で何をしているか、彼に話した。それからとても夜学に行きたいのだが、学校に入るのは難しすぎて駄目のようだ、とも話した。彼は学校に電話してみよう、といった。わたしは、「昨夜わたしも電話したのですが、駄目といわれました」と答えたが、その夜彼はやっぱり電話して、「学校は入れてくれるといってるから」とわたしに知らせてくれた。「明日の六時に行けばいい」

そして授業料も払ってくれてね。わたしはタイプを習い、スペリングを習い、算数を習った。合計六カ月くらい通った。六時から九時まで。その後は病院でボランティアの仕事をするようになった。週に二、三度。そこは慈善病棟と呼ばれていてね。政府がいくらかお金を出してはいたけれど、あとはすべてボランティアの奉仕にたよって運営されていた。わたしはちょっとした手術やなんかで、しょっちゅうそこの世話になっていてね。行きさえしたら、治療してくれた。だからできるときには、ボランティアとして手伝いに行って、自分が世話になったお返しをしてたわけ。

わたしは十五歳になっていた。

わたしは結婚することになった。

夫とはどこで知り合ったか、って？

ルイジアナの、その町ニューオーリンズでよ。ある日わたしは一軒の店を探していたのだけれど、どうしても道がわからない。そこで一人の男の姿を見かけたので訊ねると教えてくれた。そして彼は、「ところできみは誰だい？」とたずねて。わたしが話すと、「僕といつかデートしないか？」って。それがきっかけで、彼とデートするようになって結婚した。

歯医者の家は出ることになった。彼女は「いつでも帰りたくなったら戻ってきなさいよ」といってね。「一緒に暮らしていて、あたしも楽しかった。何か必要な物があったり、困ったことがあったら、すぐに電話しなさいよ」と。

わたしはフロリダへ移った。夫の家族のいたモンティセロへ。そこで五年ほど暮らして、その後は故郷のミシシッピーに戻った。夫の家族だって必死で生計をたてようとしているのに苦労が多く、思うにまかせない生活をしていたのだから、気の毒になってしまって。舅《しゅうと》は一生タバコ栽培をしてきた人だったけど、健康をずいぶん害していた。

ミシシッピーには一月ほど住んだ。どこかへ行こうかと考えながら。独立して生きたかったから。誰の負担にもならずに。それでこのラシーヌへきたわけ。兄がすでにここに住んでいて、「おまえもここへ来さえしたら、病院で仕事が見つかるさ」といってね。「行ってみて仕事が見つからなかったら、どうしてくれる?」というと、「とにかく来なさい」そこでラシーヌへやってきて、すぐに病院へ行ってみると、そこの人たちはわたしのことを怪訝《けげん》そうにジロジロ見ていたけど、応募用紙に記入すると、係の女性がいった。

「じゃあ、明日から働いてもらいます。白い靴だけ買ってきなさい。制服はこっちから支給しますからね。朝は八時にきなさい」

病院では調理場で働いた。八時から三時半まで。わたしは十七歳だった。

Kは病院で働いていてつらいことはあったかとたずねた。「そうでもなかった」とわたしは答えた。こっちがきちんとしてれば、相手も悪いことはしない。でも嫌なことは一度あった。

あるとき、冷凍庫に入れておいた鶏の脚がなくなっている、と騒いだ女がいた。黒人だから、わたしが盗んだのだろうといって。結局掃除をしたひとが鶏の脚を冷凍庫の反対側に移動した、ということが分かった。でもその女はものすごく腹をたてて、真っ青になっていたっけ。

わたしは小さな古家を買った。それだけしか買えなかったから。

そうこうするうちに夫が除隊になって、ラシーヌへきた。

子供が生まれはじめたのは、それからのこと。それまで妊娠しなかったのは運がよかったのよ、きっと。そのころは十八歳になっていた。貯金もたまっていた。

子供が生まれるまでの話はそんなところ。

病院をやめてからは普通の家庭の掃除や洗濯などをするのを仕事にしてきた。そう、二十一歳ごろからこっちは。

わたしはいろいろな家へでかけて行って働くのは好きだ。畑で草取りすることなどに比べたら、比較にならないほど楽だし、仕事をしに行く先は立派な家。ちょっと汚れていたって、掃除すれば奇麗になるし、誰にもヤイヤイいわれず、ひとりでできる仕事。自分の生活に苦しいこと、困難なことがあると、わたしは働きながらゴスペル・ソングを大きな声で歌う。誰もいない留守の家を掃除してるときには、どんな大声で歌ったって文句はいわれない。留守でない場合でも、歌ってもいっこうに文句をいわれない家もあるし。自分のペースで働いて、一日が終わるころ辺りを見まわせば、すっかり奇麗になって、ああ、これは自分が働いた結果だ、と誇りに思うことができる。クリーニング屋が洗ったカーテンをそれぞれの家庭に行って取りつける仕事もやったっけ。

家事の仕事が好きなのは、ニューオーリンズの雇い主だったあの女医に、家事のやりかたをよく教わったからだと思う。彼女は「あんたも結婚したら、知ってないと困るからね、毎日毎日やらなくてはならないことだから」といって、洗濯、アイロンかけ、裁縫、掃除、料理など教えてくれてね。それが役にたった。その家で働くようになるまでは、洗濯機や皿洗い機や電気アイロンなど見たこともなかったもの。故郷では皿は流しで洗っていたし、だいいちアイロンは電気ではなくて、薪で火をおこして、その中にアイロンをいれて熱くして使ったのだから。

いまは家事といったって、ほんとに楽になった。わたしは余った時間をいろいろなことに使う。最近は陶芸やガラス細工を習っている。好きなことは何でもできる。わたしは自分の仕事が好きなのだ。

たしかに、これまでには様々なことがあった。わたしは糖尿病だといわれているし、神経痛もある。夫はずっと勤めていた鉄工所をやめた。会社が潰れたから首になったのだ。ところが社長は雇っていた者たちの失業保険も、退職金も積み立てていなかった事実が明るみに出て、結局そこで働いていた者たちは首になっても一セントも貰えないでいる始末。

長女が妊娠してしまったときはつらかった。十五歳で、結婚していないまま妊娠して。生まれた女の子はわたしが育ててきた。彼女にはその力はなかったから。独りだちできるまでは、と。

長男は志願して軍隊に入ってしまった。兄が軍隊に入った日の悲しみが忘れられなかったから、息子にも、どうかやめてくれと頼んだのに、彼は自分の人生だ、自分のしたいようにしなければならない、もう赤ん坊じゃない、大人になったんだよ、母さん、といってね。

つらいことは、いろいろ。

先月のことだが、弟が頭を拳銃で撃たれた。弟は酒場というか、レストランのようなものをやっているのだが、ある日店を閉めて、外に駐めてあった自分のトラックに乗ろうとしているところへ、物蔭に隠れていた男が出てきて、「金を出せ」といった。弟はすでにその日の売上は向かいの銀行の夜間集金箱に入れてあったので、お金はなかった。家にいる子供たちのために牛乳とクッキーを持って帰ろうとしていたので、あったのはそれだけだった。

「金はない」と答えると、男は「嘘だ、有り金全部出せ」といった。

「ほんとに金はない。銀行に持っていってしまったから」

「嘘をつけ」

そして男は弟の頭を狙って撃った。

弟は助かるかもしれない。でも、もう右の耳は聞こえなくなった。永久に聞こえなくなってしまった。

弟は、金を出せといわれたとき、ズボンのポケットから財布をだして、あった小銭を全部渡したのだという。それを振ってみせたのに、強盗は撃った。午前一時ごろのことだった。弟はまだ入院している。

そしてつい三週間前のこと、インディアナに住んでいる妹の息子が自殺してしまった。警官だったが、仕事の緊張から神経をやられた、という話だった。そのお葬式にも行ったし。

絶え間なく、人が傷つけられたり、殺されたりする。

わたしもいつかは死ぬ。

ここのミセスGの孫娘が今朝わたしがやってきたときに訊ねた。

「ねえ、Mさん、Mさんはずっとわたしのお祖母さんの家にきてくれるの？　あたしが大きくなったときも、ずっときてくれる？」

「あんた、わたしかあんたのおばあさんか、どっちかが死ぬまではきっとくることになるだろうと思うよ」

「ふうん」孫娘はそういったかと思うと駈けていってしまった。いつものように風のように廊下を走り去った。竜巻のように階段を駈けあがっていった。

さあ、そろそろ話もおしまい。


ともかくわたしが八年前にKに話したのは、だいたいこんなことだったが、ここで話をそもそもの発端にもどせば、その金曜日はミセスGのところの掃除は中止になって、泊まっていた日本人の客ふたりをまじえて、Kとまたすこし話した、ということなのだ。

ところで、遠来の客は大人三人、子供一人と聞かされていたので、もう一人はどうしてしまったのか、とKにたずねると、そのもう一人というのは詩や小説を書く女性ということで、やはりYの葬式の話は知っているということだったが、その朝は起きてこられなかった。その前日、湖の浜で蜂にさされて、そのあとがすっかり赤くなって腫れあがり、聖ルカ病院の救急室へ行ったそうだ。そしてそこで呑めといわれた薬のせいで、その朝はひどく眠気がして、起きることもままならないという話だった。ミセスＧとその人たちと別れて、わたしは孫を車に乗せて、娘のところまで送りとどけた。あれから二週間たつ。Ｋのお客たちは無事に帰ったのだろうか。蜂に刺されたひとは大丈夫だったろうか。

解説

斎藤真理子

一昨年、本書の先行作にあたる『塩を食う女たち――聞書・北米の黒人女性』が岩波現代文庫に入ったのに続き、今回『ブルースだってただの唄』がちくま文庫に入ることになった。『塩を食う女たち』が、数カ所を移動しながら話を聞いた記録であるのに対し、この本はウィスコンシン懲治局で働く臨床心理医ジュリエット・マーティンと彼女の「女性グループ」、そして彼女が担当する刑務所の女性たちの話を中心としている。語っている人たちは一九四〇年代から五〇年代生まれで、現在は六〇代から七〇代になるだろう。

『塩を食う女たち』が一九八二年に刊行されたとき、私は店頭で見るなりそれを買った。そのときは藤本和子が誰だかも知らず（だからリチャード・ブローティガンのすばらしい翻訳についても何も知らない）、北米の黒人女性に特別の興味があったわけでもない。ただ、表紙のアフロヘアの女性の写真を見て、これは今買わなければならない本だと思い、何の前知識もなく買ったのだ。

そして一ページめの一行めでとりこになった。

「わたしたちがこの狂気を生きのびることができたわけは、わたしたちにはアメリカ社会の主流的な欲求とは異なるべつの何かがあったからだと思う」

「生きのびる」ということばの蛇口が思いきりひねられて、何かのしぶきをしたたかに浴びたようだった。あの清新さを何と言ったらいいのだろうか。その後、何度となくこの本を開いたが、そのたびに少しも印象が変わらない。この印象は私一人のものではなく、私は自分と同世代や上の世代の女の人たちと何度もこの本の話をしてきた。その延長で一昨年、翻訳家のくぼたのぞみさん、岸本佐知子さん、かつて藤本さんも編集委員の一人だった「水牛」を主宰する編集者の八巻美恵さんに混ぜてもらって、「藤本さんの聞き書きをまた読めるようにしたい」と出版社にかけあったりしてきた。

私を一撃した言葉を語っていたのは、表紙に写真が出ていたユーニス・ロックハート＝モスという人。「あの狂気」でも「その狂気」でもなく、「この狂気」であることの意味を、十分に理解できたとは思えないのに、読んだとき、それは自分にも無縁でないという予感があった。この本に出てくる女性たちは気高かったが、同時に、友達から何度も話を聞くうちに知り合いになったような気のするお姉さんみたいな、近しさがあった。

それは多分に、日本語になったその語り口の豊かさによるものだったのだと思う。藤本和子の聞き書きは、語り手だけでなく、聞き手の何かがどくどくとこちらの血管に注ぎ込まれるような本だった。

聞き書きというのはとても不思議で、聞き手のそれまでの来歴というのか全旅程というのか、その人の見てきたこと、考えてきたことの総和が溶け込んでいる。表面には出てこなくても、内側で語りを支える。たぶん、単なる人生経験というより、どれだけ内的な欲求を持って他者と関わり合ってきたかが現れるのだと思う。

どんなに真剣に耳を傾けても、聞き手の装備いかんによっては聞き取れない音域がある。『塩を食う女たち』のあとがきに、藤本和子自身が書いていた。「無色透明のわたしが耳を傾けるのではなく、自分は誰なのか、と問い続けながら、わたしをつくってきた私的な体験や、歴史の背景や、にほん人としての意識の質を問い続ける」と。

さかのぼって藤本和子の著作を読み返していくと、北米黒人女性への聞き書きをいちばん奥で支えているのは、ユダヤと朝鮮（これを韓国と言い換えると歴史的文脈が宙に浮くので、どうしても朝鮮でないといけない）であることがわかる。

聞き書きを手がける前の時期に彼女は、『砂漠の教室』というめっぽう面白い本を書いた。教室というからには何か教わるわけだが、それはヘブライ語だ。一九七七年に夫のデイヴィッド・グッドマンとともにイスラエルに行き、八か月にわたってヘブライ語を勉強したときのことを書いたものだ。

世界じゅうから集まってきたヘブライ語学習者たちにはそれぞれの背景があり、それを描写する飄々《ひょうひょう》とした筆致が本当に面白いのだが、同時に『砂漠の教室』には、その後の本にはあまり見られない藤本さんの思想のハードコアな部分がよく現れてもいる。

なぜヘブライ語を？　という誰もが持ちそうな質問に対して、藤本さんは「その行為を個人的な行きがかりや動機だけで説明しようとするのは、わたしにはあまり役に立つことだとは思えない」とはっきり言っていて、これは「なぜ韓国語（朝鮮語）を？」としょっちゅう聞かれる私としてはたいへん鼓舞される言葉だし、続く「わたしが意識しようとしまいと、ここには歴史的な力が働いていると、わたしは考えている」という言葉にはさらに同意する。同時に、『ブルースだってただの唄』が生まれたのも、つまりはそういうことなのだなと思う。歴史的な力が働いた結果、藤本さんという存在が北米の黒人女性たちに引き寄せられ、彼女たちの言葉を引き出したのだと。

『砂漠の教室』で藤本和子は、ヘブライ語を学ぶことは「他者に他者の正当なる顔を与えること」だと説明していた。つまり、ユダヤ人を偏見や差別の犠牲者という枠に閉じ込め、「この巨大な異族の全体像」に意を払わないのであれば、それは死者の遺品をもてあそぶことにしかならない。日本で企画された「アウシュヴィッツ展」の薄っぺらさに藤本さんは怒っていた。

「ユダヤ人」を「朝鮮人」に置き換えても同じだ。「異質の集団原理、異質の集団意識を持つ共同体」を発見すること、それらを自分たちの「思考の素材」としてしまわないことが大切なのであり、「あたかも他者はこちらの思弁の便利のためにあるといわんばかりの」態度を、藤本さんは痛烈に批判したのだった。

その際に最大の刺激となったのが森崎和江の著作である。『砂漠の教室』に現れた朝鮮と朝鮮語、そして森崎和江への思いは深くて強い。藤本さんはこの本に「わたしは、たとえば、朝鮮語を学ぶべきだと、頭では知っている。けれども、それはおそろしいことだ。学んだところで、いまのわたしになにができるのか」「森崎さんの仕事を抜きにして、わたしはヘブライ語のことを書くことができないのである」とまで書いていた。

森崎和江は朝鮮に生まれ育ち、日本にも日本語にももたれかかることのできない苦しさを足場にして日本を広く俯瞰した詩人であり、思想家だ。朝鮮を欠落させては日本の近現代を測りそこねるのだし、藤本和子はそのことをよく知っていた。

今回読み返して、藤本さんは森崎和江・石牟礼道子の仕事の正統的な継承者なんだなと改めて思った。女性の書き手が「他者」である女性の話を聞いて書く、というスタイル自体がそうなのだ。『塩を食う女たち』『ブルースだってただの唄』は、石牟礼道子の『苦海浄土』の一部「ゆき女きき書」、森崎和江の『まっくら』『からゆきさん』と連なる系譜を、藤本和子だけに可能な文体で引き継いだものだ。

視点するどく、そして観察はふくよかに。藤本和子の文体のベースはそこにある。そして彼女は移動しつつ、暮らしの中で考えることをやめない人だ。アメリカ・イリノイ州と日本を行き来し、ペルーから娘を、韓国から息子をひきとって一緒に暮らした。女性のための緊急シェルターの夜勤の手伝いをしたり、精神病院に六十年もいてしゃべれなくなっている日本人男性の聞き手をつとめたり。異なる原理を持つ他者の、異なるからこその尊厳をたっぷりと吸収した暮らし、と私には見える。

そこでは、聞き書きの相手も翻訳した作品の書き手も、同じ重みを持つ他者として存在しているのではないだろうか。そもそも、これらの聞き書きはあらかじめ翻訳をたっぷりと含んでいる。英語で問い、英語で答えた一部始終が、藤本さんの日本語を通過してここにあるのだから。そんな藤本ワールドで、リチャード・ブローティガンは、もはや強くなくていいと決めたアメリカの横顔を代表する他者として、中心でも周縁でもないところをゆっくりと歩いているように思う。

そして、『ブルースだってただの唄』だ。本書の「はじめに」にある、「集団の歴史をひとりひとりその身に負いながら、女たちは自らの生をいかに名づけるのだろうか」という文章に、藤本さんのスタンスはよく現れている。

この本で印象的なのは、言語化できないことを言語化できないとまっすぐに語り、言語化できたらそれをともに喜ぶ女たちの肖像である。本書第二章で、殺人罪で十四年服役して仮釈放になったウィルマ・ルシル・アンダーソンが「わたしは牢獄を出たけれど、わたしの中の牢獄をまだわたしから追放することができないのよ」と言ったとき、女たちは「ことばそのものへの拍手を送った」と藤本和子は書いている。ことばへの励ましは未来への励ましであるという態度がそこに見え、手応えが感じられる。

二〇二〇年の今、これを読むことは戦慄を伴う。ジュリエット・マーティンが、彼女の母は「人種差別に対してすぐに口を開いて抗議するわたしの傾向を鼓舞したのに、兄に対しては、つねにずっと受身の姿勢をとるよう教えていた」と話すくだりは、ただちにジョージ・フロイドたちの死を連想させる。また、デブラが話す「この先の十年、二十年の経験は、一九五〇年代、六〇年代の経験よりさらに苛酷なものになるだろうけれど、いまの若者にはそれに立ち向かう準備がないのよ」という言葉。

本書と深く関連する藤本和子の仕事に、『女たちの同時代——北米黒人女性作家選』（一九八一—八二年、朝日新聞社）の企画・編さんがある。彼女はシリーズ全七巻すべてに自ら詳細な解説を書くとともに、それぞれ違う女性の書き手に寄稿を依頼した。このときアリス・ウォーカーの『メリディアン』に解説を寄せたヤマグチフミコは在日コリアン二世で、深沢夏衣《ふかさわかい》というペンネームを持つ小説家だった。彼女はその文章に、「誰もが、偶発的に生を受けるが、その生の与件を生き抜く決意の中にこそ美しい人生があるのだとわたしは信じたい」と書いてから、「それにしても、在日朝鮮人の五十年後はどうなっているのだろうか、いったいわたしたちはその時も生き延びているのだろうか」と結んだ。ヤマグチフミコは二〇一四年に亡くなった。

在日コリアンは生きのびている。だがヘイトスピーチも生きのびている。それは『ブルースだってただの唄』が書かれた三十四年前にはかろうじて身を潜めていたが、今は言論の表舞台にすら立っているのだ。日本人は、日々もたらされるブラック・ライヴズ・マターの情報を、不安と義憤めいた感情で眺めて終わるのか。それとも、この国に生きるマイノリティが「この狂気」を生きのびることに、何らかの力を添えることができるのか。

『ブルースだってただの唄』は二つの意味で、古くなっていない。エピローグ「そして、私を谷へ行かしめよ」のアニー・アレグザンダーの気高さと、藤本さんの「普遍性のなかにやすらぎを見出すよりも、他者の固有性と異質性のなかに、わたしたちを撃ち、刺しつらぬくものを見ること」。そこから力をくみとること」という一言と。その両方がまったく古くないばかりか、私たちにとっても「この狂気」というしかないものの前で、いっそう力を増してここにある。これを読んだ私たちが自分の言葉を作り出すことで応えるしかない、そういう種類の大切な一冊だ。

（さいとう・まりこ　翻訳者）

本書は一九八六年五月に朝日新聞社により刊行されました。文庫化に際して、一部の用語の表記を修正し、『水牛通信』一九八七年九・一〇月合併号掲載の「十三のとき、帽子だけ持って家を出たMの話」を新たに収録しました。一部、今日の見地からは不適切と思われる表現もありますが、執筆当時の時代背景や発言の背景を尊重しそのまま掲載しました。

きもの自在　鶴見和子　聞き手＝藤本和子

インドのサリーや中国の刺繍布を着物や帯に仕立て、異文化の豊かな出会いを楽しむ。着物は魂のよりどころと語る著者の自在な着物術。（田中優子）

ねにもつタイプ　岸本佐知子

何となく気になることにこだわる、ねにもつ。思索、奇想、妄想はばたく脳内ワールドをリズミカルな名短文でつづる。第23回講談社エッセイ賞受賞。

なんらかの事情　岸本佐知子

エッセイ？　妄想？　それとも短篇小説？　……モヤッとするのに心地よい！　翻訳家・岸本佐知子の頭の中を覗くような可笑しな世界へようこそ！

遠い朝の本たち　須賀敦子

一人の少女が成長する過程で出会い、愛しんだ文学作品の数々を、記憶に深く残る人びとの想い出とともに描くエッセイ。（末盛千枝子）

柴田元幸ベスト・エッセイ　柴田元幸編著

例文が異常に面白い辞書。名曲の斬新過ぎる解釈。そして工業地帯で育った日々の記憶。名翻訳家が自ら選んだ、文庫オリジナル決定版。

ぼくの東京全集　小沢信男

小説、紀行文、エッセイ、評伝、俳句……作家は、その町を一途に書いてきた。『東京骨灰紀行』など65年間の作品から選んだ集大成の一冊。（池内紀）

富岡日記　和田英

ついに世界遺産登録。明治政府の威信を懸けた官営模範器械製糸場たる富岡製糸場。その工女となった「武士の娘」の貴重な記録。（斎藤美奈子／今井幹夫）

証言集 関東大震災の直後 朝鮮人と日本人　西崎雅夫編

大震災の直後に多発した朝鮮人への暴行・殺害。芥川龍之介、竹久夢二、折口信夫ら文化人、子供や市井の人々が残した貴重な記録を集大成する。

釜ヶ崎から　生田武志

失業した中高年、二十代の若者、DVに脅かされる母子——。野宿者支援に携わってきた著者が、「究極の貧困」を問う圧倒的なルポルタージュ。

ザ・フィフティーズ（全3巻）　デイヴィッド・ハルバースタム　峯村利哉訳

50年代アメリカでの出来事と価値転換が現代世界を作った。政治、産業から文化、性までを光と影の両面で論じる。

フラナリー・オコナー全短篇（上・下）
フラナリー・オコナー 横山貞子訳
キリスト教を下敷きに、残酷さとユーモアのまじりあう独特の世界を描いた第一短篇集『善人はなかなかいない』を収録。個人全訳。（蜂飼耳）

O・ヘンリー ニューヨーク小説集
青山南＋戸山翻訳農場訳
烈しく変貌した二十世紀初頭のニューヨークへタイムスリップ！ まったく新しいO・ヘンリーの読み方。同時代の絵画・写真を多数掲載。（青山南）

カポーティ短篇集
T・カポーティ 河野一郎編訳
妻をなくした中年男の一日を、一抹の悲哀をこめ、ややユーモラスに描いた本邦初訳の「楽園の小道」他、選びぬかれた11篇。文庫オリジナル。

エレンディラ
G・ガルシア＝マルケス 鼓直／木村榮一訳
大人のための残酷物語として書かれたといわれる中・短篇。「孤独と死」をモチーフに、大著『族長の秋』につらなるマルケスの真価を発揮した作品集。

氷
アンナ・カヴァン 山田和子訳
氷が全世界を覆いつくそうとしていた。私は少女の行方を必死に探し求める。恐ろしくも美しい終末のヴィジョンで読者を魅了した伝説的名作。

アサイラム・ピース
アンナ・カヴァン 山田和子訳
出口なしの閉塞感と絶対の孤独、謎と不条理に満ちた世界を先鋭的スタイルで描き、作家アンナ・カヴァンの誕生を告げた最初の傑作。（皆川博子）

スロー・ラーナー［新装版］
トマス・ピンチョン 志村正雄訳
著者自身がまとめた初期短篇集。「謎の巨匠」がみずからの作家生活を回顧する序文を付した話題作。驚異に満ちた世界。（高橋源一郎、宮沢章夫）

競売ナンバー49の叫び
トマス・ピンチョン 志村正雄訳
「謎の巨匠」の暗喩に満ちた迷宮世界。突然、大富豪の遺言管理執行人に指名された主人公エディパの物語。郵便ラッパとは？（巽孝之）

パルプ
チャールズ・ブコウスキー 柴田元幸訳
人生に見放され、酒と女に取り憑かれた超ダメ探偵が次々と奇妙な事件に巻き込まれる。伝説的カルト作家の遺作、待望の復刊！（東山彰良）

地図と領土
ミシェル・ウエルベック 野崎歓訳
孤独な天才芸術家ジェドは、世捨て人作家ウエルベックと出会い友情を育むが、作家は何者かに惨殺される――。最高傑作と名高いゴンクール賞受賞作。

ちくま文庫

ブルースだってただの唄《うた》

――黒人女性《こくじんじょせい》の仕事《しごと》と生活《せいかつ》

二〇二〇年十一月十日　第一刷発行
二〇二四年　五　月三十日　第五刷発行

著　者　藤本和子（ふじもと・かずこ）
発行者　喜入冬子
発行所　株式会社　筑摩書房
東京都台東区蔵前二―五―三　〒一一一―八七五五
電話番号　〇三―五六八七―二六〇一（代表）
装幀者　安野光雅
印刷所　明和印刷株式会社
製本所　株式会社積信堂

ISBN978-4-480-43703-7 C0195